信息技术教师
专业成长的行与思

朱静萍 / 主编

中国出版集团　现代出版社

图书在版编目(CIP)数据

信息技术教师专业成长的行与思 / 朱静萍主编. —
北京：现代出版社，2021.10

ISBN 978-7-5143-9565-5

Ⅰ.①信… Ⅱ.①朱… Ⅲ.①信息技术—教学研究—
中小学 Ⅳ.①G633.672

中国版本图书馆CIP数据核字（2021）第210833号

信息技术教师专业成长的行与思

作　　者	朱静萍	
责任编辑	袁　涛	
出版发行	现代出版社	
地　　址	北京市安定门外安华里504号	
邮政编码	100011	
电　　话	010-64267325　64245264	
网　　址	www.1980xd.com	
电子邮箱	xiandai@cnpitc.com.cn	
印　　制	北京政采印刷服务有限公司	
开　　本	710mm×1000mm　1/16	
印　　张	12	
字　　数	192千	
版　　次	2022年4月第1版　2022年4月第1次印刷	
书　　号	ISBN 978-7-5143-9565-5	
定　　价	45.00元	

第一章　项目教学

第二章　论文成果

第三章　课题研究

第四章　教学设计

第一章

项目教学

教学方法是师生为达到教学目的而相互结合的活动方式，它包括教师的教法和学生的学法。但实际上教师的教法要通过学生的学法来体现，学生的学法又是在教师的指导或影响下的学习方法。教学是师生结合在一起的共同活动，教法与学法不能截然分开，是辩证统一的。

教学方法因教学目的任务、教材内容和教学对象的不同而各异。在不同的历史条件下，教学方法也有所不同。教学方法还受师资条件及学生身心发展特点的制约，要善于分析判断，选择适当的教学方法以实现教学目的。无论哪一种教学方法，都必须围绕学生创新思维与创造能力的培养。

信息技术课程具有很强的实践性和操作性，在教学过程中，应根据不同的教学内容和学生特点，选择适当的教学方法。信息技术课程中经常使用的教学方法有讲授法、操练法、实验法、演示法等。此外，程序教学法、案例教学法、探究式教学法、任务驱动教学法、基于项目设计教学法、问题式教学法、Big6教学法是教学法中的后起之秀。而基于项目设计教学法是2017年版新课程标准实施后最让教育界关注的一种教学方法，也是广东省朱静萍名教师工作室2012年以来一直在关注、探索、研究并不断尝试实施的一种教学方法。

基于项目设计教学法的介绍

广东省韶关市田家炳中学　朱静萍

　　"基于项目设计的研究性学习"在教育部《普通高中"研究性学习"实施指南（试行）》中称为"项目（活动）设计"，即"以解决一个比较复杂的操作问题为主要目的，一般包括社会性活动的设计和科技类项目的设计两种类型"。与"认识和解决某一问题为主要目的"的课题研究相比，项目活动设计更偏重操作和实践活动。

　　如前所述，项目（活动）设计模式源于当今国际教育界十分流行的项目教学法。例如，美国工商管理硕士教育（MBA）经过长期的教学实践，已经形成了独具特色的教学方法，主要包括案例教学法、模拟教学法和项目教学法等。

　　项目教学法的前提是"项目"。美国项目管理专家约翰·宾（John Byng）认为："项目是要在一定时间里，在预算规定范围内需达到预定质量水平的一项一次性任务。"项目具有确定的目标，有明确的开始时间和结束时间，要完成的是以前从未做过的工作。项目教学法就是组织学生真实地参加项目设计、履行和管理的全过程，在项目实施过程完成教学任务。

　　在中、高等职业教育中也经常采用项目教学法，由师生通过共同实施一个完整的项目来组织教学活动。由于职业教育中的项目可以是生产一件具体的、具有实际应用价值的产品，因此《现代职业教育教学参考丛书》提出，项目教学应该满足以下条件：

　　（1）该工作过程可用于学习一定的教学内容，具有一定的应用价值。

　　（2）能将某一教学课题的理论知识和实际技能结合在一起。

（3）与企业实际生产过程或现实的商业经营活动有直接关系。

（4）学生有独立进行计划工作的机会，在一定的时间范围内可以自行组织、安排自己的学习行为。

（5）有明确而具体的成果展示。

（6）学生自己克服、处理在项目工作中出现的困难和问题。

（7）具有一定难度，不仅是已有知识、技能的应用，而且要求学生运用新学习的知识、技能解决过去从未遇到过的实际问题。

（8）在学习结束时，师生共同评价项目工作成果和工作学习方法。

基础教育研究性学习中的"项目教学"与上述领域有一定差异，教育部《普通高中"研究性学习"实施指南（试行）》中特别强调是"项目（活动）设计"，是一种针对实际应用的设计性学习活动，要求学生在综合应用所学到的各科知识和技能的基础上，进行问题解决的实际操作。下面以几个例子加以说明。

在德国普通中小学的教学活动中，培养学生研究性学习能力及科研能力的项目教学法已被广泛使用。德国教育专家曼弗雷德·海因里希教授曾在我国南京市举办的德国及欧美国家素质教育报告演示会上，介绍了一个项目教学法的实例——"给你55分钟，你可以造一座桥吗？"即首先由学生或教师在现实中选取一个"造一座桥"的项目；然后学生分组对项目进行讨论和写计划书；接着正式实施项目——利用一种被称为"造就一代工程师伟业"的"慧鱼"模型拼装桥梁；最后进行项目结果的演示，让学生阐述构造的理论，由教师对学生的作品进行评估。通过以上四个步骤，学生充分发挥了自己的创造力，在锻炼动手能力和推销自己等方面做出了实践努力。

中小学实施基于项目活动的研究性学习，设计学习是其主要形式。学生在活动开始就需要在头脑中预先勾画出一个最终结果———一种产品或者一项服务。对于社会性活动的设计，包括策划一次环境保护活动，设计一次采访政府官员的活动，设计一个学生社团的组织体系，设计一份班级形象宣传画，设计一个雕塑方案等；对于科技类项目的设计，包括小发明小制作的设计、一套校服的设计、公共厕所的改造方案、"生物角"的规划等。设计出这种作品需要学习专门的知识和技能，通常也包含着许多必须解决的问题，但与"基于问题解决的学习"有所差异。项目活动采用的是一种模拟的"生产方式"，学生们面对的是一个"缩微"了的真实社会，他们必须确定"产品"的需求对象和"产品"的用途；他们需要设计出这种"产品"，并且制订项目管理计划，或许还必须进行经济和社会效益分析；他们必须解决项目实施过程中出现的问题，并且在条件允许的情况下完成这件"产品"；他们还需要展示或"推销"自己的"产品"，对自己的"产品"进行评价和反思。

"基于项目设计的研究性学习"有效地在课堂与社会生活之间建立起了联系。整个过程活动都是真实的，是现实生产生活的一种反映，从而使学生的学习更有针对性和实用性，学到了今后就业所必需的技能，包括实践能力、分析能力、综合能力、应变能力、交流能力、合作能力和解决实际问题的能力。它更加容易和综合实践活动课程中的社区服务与社会实践、劳动与技术教育等融合在一起。

从某种程度上说，中小学生开展项目活动设计也属于一种角色扮演的行为。美国学者B.乔依斯（B. Joyce）等在《教学模式》一书中，将角色扮演列在"社会交往模式"的内容中。他们认为，课堂教学犹如大社会，也有自己的社会秩序和社会活力，教师应当设法驾驭这种活力。也就是说，角色扮演教学模式将模拟社会成员的交往过程，学生通过协商的方式学习学术、社会和经济领域的各种知识，以便在将来能有效地从事解决真实社会问题的工作。在这种课堂教学模式下，教师的任务是参加形成课堂社会秩序的活动，把秩序引向探究；学生则扮演研究者的角色，在情境的刺激下开展与"角色"身份相当的探究活动。罗马俱乐部在题为《学无止境》的研究报告中认为，创新性学习两大基本特征之一的参与性就是扮演角色，"理想的参与性教育是这样一种教育：每一个学生都有机会扮演总统、首领、领袖、公民、支持者和追随者等角色，以便尽可能多地体验不同的角色"。项目活动设计学习正好为学生扮演项目设计师、工程师、策划者和组织者等角色提供了舞台。

教学案例分析：基于项目设计的教学设计

广东省韶关市田家炳中学　朱静萍

第一部分　项目概述

1. 项目名称

中国竹文化之旅——用PS创作古典竹简画。

2. 学习主题

《多媒体技术应用》（高中信息技术选修2）第二章"多媒体作品的规划与设计"；第三章"多媒体信息的类型及其特征"；第四章"图形图像的采集与加工"；第六章"多媒体作品的集成"。

3. 适用年级

高中二年级。

4. 涉及学科

信息技术、语文。

5. 项目简介

中国被誉为"竹子文明的国度"，中华民族的日常衣食住行都有竹的影子。我国商代已知道竹子的各种用途，其中之一就是做竹简。竹文化是中国优秀传统文化不可或缺的一部分。针对大多数当代学生疏离中国传统文化、忽略古典美的现状，学校准备开展一系列以弘扬中国竹文化为主题的相关活动，用电脑创作古典竹简画比赛就是其中一项活动，学生肩负着弘扬传统文化的光荣使命——竹文化宣传使者，他们围绕主题，以小组为单位，以《多媒体技术应用》（高中信息技术选修2）"第四章　图形图像的采集与加工"之4.3"图形图像的加工"为基础,以创作古典竹简画为契机,开始了中国传统文化之旅,展开了对中国竹文化的相关研究。他们通过浏览互联网、查阅书籍、走访调查等方式,收集与中国传统竹文化的起源或传说相关的资料,了解与竹相关的诗词,体味竹文化的内涵。在活动中,他们分工合作,了解多媒体信息的类型及其特征,掌握多媒体作品的规划与设计方法,体验用Photoshop创作电脑艺术作品的全过程。根据主题表达的要求,提高规划、设计与制作电脑艺术作品的能力。掌握并把学习成果以电脑艺术作品——古典竹简画、宣传手册、电子报刊、专题网站等形式呈现出来,向全校师生及家长广泛宣传,以各种形式来完成他们的神圣使命,切实体验信息技术蕴含的文化内涵,提高自主学习和运用信息技术的能力。

6. 项目学习六元素

(1)目标。了解中国竹文化所蕴含的内容,了解多媒体信息技术的类型及其特征,掌握多媒体作品的规划与设计方法,通过对图层样式、滤镜、蒙版和选框等命令及工具的组合使用,掌握用计算机进行图片素材加工及创作电脑艺术作品的基本方法,体验用Photoshop创作电脑艺术作品的全过程。根据主题表达的要求,提高规划、设计与制作电脑艺术作品的能力。

(2)角色。中国竹文化宣传使者。

(3)对象。全校师生及家长。

(4)情景。开展用电脑创作古典竹简画比赛等以弘扬中国竹文化为主题的相关活动。

(5)产品。电脑艺术作品——古典竹简画、宣传手册、电子报刊、专题网站。

(6)标准。较好地了解我国竹文化所蕴含的内容;运用信息技术创作电脑艺术作品——古典竹简画、宣传手册、电子报刊、专题网站等,激发热爱中华传统文化的感情,形成保护和弘扬传统文化的责任感。

第二部分　课程标准与学习目标

1. 课程标准(摘录)

强调多媒体技术相关理论知识的掌握及综合应用能力和伦理道德观念的培

养。通过本模块的学习，学生应能掌握关于图形图像等多媒体技术较为全面的知识与技能，进而实现对多媒体技术的综合运用，把握其社会应用特征并树立相关的伦理道德意识。

图形图像：

（1）了解常见图像和图形的类型与格式及其数字化表示、存储、呈现和传递的基本特征与基本方法。

（2）能够根据需要选择合适的工具和方法采集图像信息，能解释图像信息采集的基本工作思想。

（3）能够根据主题表达需求，选择合适的工具和方法，实现图像色彩和色调的调整、设置特殊效果等，并能综合图层、滤镜、蒙版和路径等处理技巧对图像进行加工，表达创意。

（4）体验虚拟现实技术在现实生活中的应用，能使用一种常用工具制作简单的虚拟现实作品，并描述虚拟现实技术的基本特点。

（5）通过比较多种图像处理软件在使用方法和功能上的异同，体验图形图像处理的异同。

综合：

（1）了解常见媒体及多媒体特征，了解多媒体技术的发展趋势，体验和认识多媒体技术呈现信息、交流思想的有效性。

（2）能从解决问题的需求出发，了解规划、设计、制作多媒体作品的一般方法。

（3）能根据表达、交流或创作的需要，选择合适的媒体和多媒体编辑工具规划、设计、制作多媒体作品，表达意图，并能够对创作过程与结果进行评价。

（4）通过评价与鉴赏他人的多媒体作品，体验其创作思想，明了其中所蕴含的意义。

（5）能够理解并遵守与信息活动相关的伦理道德和法律法规，负责任地、安全地、健康地、合乎规范地使用多媒体技术。

2. 学科核心素养

（1）掌握数字化学习的方法，能够根据需要选用合适的数字化工具开展学习。（信息意识、数字化学习与创新）

（2）了解数据采集、分析和可视化表达的基本方法，能够利用软件工具或平台对数据进行整理、组织、计算与呈现，并能通过技术方法对数据进行保护；在数据分析的基础上，完成分析报告。（信息社会责任、计算思维）

（3）针对给定的任务进行需求分析，明确需要解决的关键问题。（计算思维）

（4）能提取问题的基本特征进行抽象处理，并运用形式化的方法表述问题。（信息意识、计算思维、数字化学习与创新）

3. 学业要求

（1）通过对图层样式、滤镜、蒙版和选框等命令与工具的组合使用，了解其概念、作用与特征，进一步掌握用计算机进行图片素材加工的基本方法，并认识其工作过程与基本特征。

（2）学会对图片素材进行甄别和选择，形成根据信息呈现需求选择合适的工具和方法对图形图像素材进行适当加工处理的能力。

（3）能较熟练地使用常用信息技术工具，提高自主学习信息技术的能力。

（4）提高根据主题表达的要求，规划、设计与制作电脑艺术作品的能力。

（5）体验用Photoshop创作电脑艺术作品的全过程，初步掌握创作电脑艺术作品的方法。

（6）通过选择合适的工具和方式呈现信息、发表观点、交流思想、开展合作。

（7）通过对学习过程、学习结果的评价，初步培养学生对学习过程及学习结果进行评价的方法。

（8）体验信息技术蕴含的文化内涵，激发和保持学生对信息技术的求知欲，形成积极主动地学习和使用信息技术、参与信息活动的态度。

（9）提高审美能力，激发对中国古典文化的兴趣和弘扬传统文化的激情，培养爱国主义精神和民族自豪感。

第三部分　课程框架问题

1. 基本问题

民族传统如何才能历久弥新？

2. 单元问题

（1）从竹文化中，你体会到了哪些民族精神和传统美德？

（2）竹简画是最好的表现传统文化的方式吗？你还有更好的表现方式吗？

3. 内容问题

（1）什么是Photoshop的图层样式、滤镜、蒙版和选框？它们具有怎样的功能？应如何使用？

（2）如何创作合适的背景效果？

（3）如何制作竹简效果？

（4）如何在竹简上添加人物和其他修饰元素，从而更好地表现古典美？

（5）中国竹文化包括哪些内容？你知道哪些与竹相关的诗词歌赋？

第四部分　评价过程

1. 评价时间线

评价时间线明细见表1-1。

表1-1　评价时间线明细

项目学习开始前		项目学习实施过程中		项目学习结束后	
师	生	师	生	师	生
学情调查表	学习日志	观察合作清单 检查清单 项目实施过程 评价量规	项目计划实施表 研究记录表 小组研究汇总表 （1）小组合作评价量规 （2）学生汇报评价量规 （3）竹简画评价量规	"中国竹文化之旅"研究性学习成果评价量规	反思日志

2. 评价概要

掌握知识与技能方面是否达到要求；参与是否热情且持久；是否感悟中华文化的源远流长，激发热爱中华传统文化的感情，形成保护和弘扬传统文化的责任感。

第五部分　学习过程

项目准备：

（1）收集与制作古典竹简画相关的文字和图片素材。

（2）查找资料，了解中国竹文化的内容以及与之相关的诗词歌赋，掌握与中国竹文化相关的知识。

（3）分组：把全班52名学生分成13个学习小组。

第一阶段：打好基础，做好铺垫（2课时）

（1）学习"第三章　多媒体信息的类型及其特征"，了解常见的多媒体信息有哪些，知道位图图像在计算机中的表示方法。

（2）学习"第四章　图形图像的采集与加工"之4.1"图形图像概述"，了解常用的图形图像处理软件有哪些，知道图形图像文件的存储格式和存储方法。

（3）学习"第四章　图形图像的采集与加工"之4.2"图形图像的采集"，知道从光盘、网络、印刷品、照片上获取图像，使用数码相机拍摄数字图像，从屏幕上捕捉图像的方法。

第二阶段：创设情境，实施项目（1课时）

学习"第四章　图形图像的采集与加工"之4.3"图形图像的加工"，了解构图的设计方法，掌握图形图像素材的制作、图像的调整和存储方法。

1.情境设计，引入课题（2分钟）

（1）广播教学：打开PPT，演示竹简画范例。

（2）边演示边提问：现在展示的都是非常具备古典气息的作品，这些作品的背景都有一个共同特征，它们都是以什么形式展现的？

（3）引导：这些作品的背景是由一块块竹简拼接而成的。我们知道中国被誉为"竹子文明的国度"，中华民族的日常衣食住行都有竹的影子。我国商代已知道竹子的各种用途，其中之一就是做竹简，即把字写在竹片（有时用木片）上，再把它们用绳子穿在一起就成了"书"，汉字"册"即由此而来。

（4）设置情境：近日，学校将举办用电脑创作古典竹简画比赛，以此来激励学生学习我国优秀传统文化，大家想不想亲自做出比这些作品还漂亮雅致的竹简画参加学校的比赛呢?

（5）显示课题：用PS创作古典竹简画。

（6）引导：这节课就让我们一起来感受竹文化，一起学习竹简画的制作，争取把中国传统的竹简艺术发扬光大。

2. 分析作品，分解任务（3分钟）

（1）广播教学：打开范例源文件，和学生一起分析图层结构。

（2）引导：从这个文件的组成图层情况来看，我们大致可以把这个作品分成四个部分：背景、竹简（竹片）、其他元素、韦编。

（3）引导：既然我们已经把作品的结构分析清楚了，那我们尝试从最下层的背景层开始创作。如何创作合适的背景效果？同学们自己先试一试好吗？

（4）停止广播。引导：大家可以结合以前我们所学的知识，参考老师共享的帮助文档。时间3分钟。

3. 布置任务，学生探究新知（28分钟）

（1）背景制作（共8分钟，学生练习3分钟，演示讲解5分钟）。

（2）竹简制作（共7分钟）。

（3）添加各种竹简画元素（共17分钟）。

（4）韦编制作（拓展任务）。

4. 反馈（1分钟）

教师检查学生上交作品情况，并公布结果。

5. 课堂小结（2分钟）

本节课，大家通过运用PS中的选框、滤镜、图层样式、蒙版等工具或命令创作出了古朴雅致的竹简画。大家用竹简画的形式把我国竹文化的美很好地展现出来了。在这里，想让大家思考：竹简画是最好的表现传统文化的方式吗？你们还有其他更好的表现方式吗？

6. 布置作业

各小组选拔出本组成员创作的最优秀作品，集体修改，撰写解说词，准备展示。

第三阶段：成果展示，升华感情（1课时）

1. 组织学生进行汇报，共享研究成果

（1）主持人介绍汇报过程和要求，并从每组中选出一个评委。

（2）小组按顺序上台解说和展示演示文稿。

（3）学生拉票环节。

（4）评委根据电脑艺术设计作品评价量规评分。

（5）公布奖项，教师为学生颁奖。

2. 评价交流，总结升华

组织学生进行交流，互提修改建议，总结并完善自己的作品；教师对学生的作品进行评价。

3. 教师小结

中国古典文化博大精深、源远流长，是世界文化遗产中的宝贵财富，作为中国人，我们应该为此感到无比骄傲！从竹文化中我们可以体会到哪些民族精神和传统美德？民族传统如何才能历久弥新？希望同学们运用所学知识，将我国传统文化发扬光大！

第六部分　差异性教学调整

1. 需要帮助的学生

（1）课前进行辅导，先演示操作过程，再进行阅读指导。

（2）分发项目结构表和指南，帮助指导学生工作，并定期监督学生学习进度。

（3）为学生提供更多的模板或支架，以确保项目取得成功。

（4）提倡学生团体合作、学习互助，发动优秀学生帮助需要帮助的学生。

（5）在必要的时候允许学生有更多的时间进行学习。

2. 有特殊才能或悟性高的学生

（1）发挥优秀学生的作用，带动小组取得成功。

（2）鼓励学生运用已学知识尝试新的制作方法。

（3）加大项目中部分问题的难度。

第七部分　所需资源

1. 所需硬件

多媒体网络教室、投影设备等。

2. 所需软件

①Photoshop软件；②电子文稿出示任务和帮助信息；③学习资源，提供学生学习的网站、图片素材（有关古典竹简图片、与竹简相关的诗词图片）；④学习范例；⑤评价（评价量规）。

3. 印刷材料

广东教育出版社2004年版《多媒体技术应用》（高中信息技术选修2），广东教育出版社2019年版《三维设计与创意》（高中信息技术选择性必修5）。

第 二 章

　　21世纪的教师应具备哪些素质？其中不可或缺的一项是教科研能力。面对未来的教育，广大教师应该向科研型、学者型、特长型的方向发展。撰写教育论文能加速这一发展进程。写教育论文离不开教育教学实践以及不断学习和研究，所以说，撰写论文的过程就是教学业务水平、理论研究水平和写作水平不断提高的过程，就是实现由感性认识向理性认识飞跃和升华的过程，就是从经验型"教书匠"向研究型专家转化的过程。

　　教育教学论文是社会共享的精神财富，它对于探索教育教学规律、交流工作经验、推动教育研究和教学改革都有着十分重要的意义。撰写教学论文是一个艰巨的脑力劳动过程。不论是选题立意、组织材料、遣词造句、谋篇构思，还是逻辑推理、层层论证、以理服人，都是严格的逻辑思维训练过程。作为走在教育现代化改革前沿的信息技术教师，朱静萍名教师工作室全体成员以教育教学论文为载体，勤于笔耕，通过学习教育学、心理学和各种新的教育科学理论，联系自己实际工作中的问题，寻找解决的办法和良策，积极撰写教育教学论文，近5年，该工作室共撰写论文50多篇，其中发表10余篇、获奖20多篇，掌握并运用论文这一中小学教师应该具备的职业技能去获得成功的内心体验，从青涩走向成熟，在专业发展的道路上突飞猛进。

论文成果

该论文发表于《教育信息技术》2019年第5期

信息技术课程"六学七步反刍"
教学模式的构建与应用

广东省韶关市田家炳中学　朱静萍

联合国教科文组织等国际组织先后开展关于核心素养的研究,提出21世纪培养的学生应该具备能够成功融入未来社会的知识与技能。《普通高中信息技术课程标准(2017年版)》明确提出:培养学生的信息意识、计算思维、数字化学习与创新以及信息社会责任;"关注全体学生,提升信息素养"是高中信息技术课程目标的要求。在长期的教学实践与总结反思之后,本研究将信息技术学科竞赛与课堂教学深度融合。每节课的教学目标不仅立足信息技术新课程标准,而且紧扣教材与竞赛目标,使教学内容与竞赛相关知识和技能紧密关联,所选教学案例大部分取材于学生参加学科竞赛的获奖作品;探索出信息技术课堂教学与电脑制作活动深度融合的一系列教学策略、途径和方法,逐步形成了"六学七步反刍"教学模式,并对此模式进行了深入的应用,取得了较好的成效。

一、研究背景

信息技术教育越来越受到社会的关注,但由于受到诸多因素的影响,目前信息技术学科的发展仍存在许多阻力。首先,该学科不参加高考和统考,评价方式不够规范,导致社会普遍不重视这门学科。其次,受地域和家庭条件的影响,学生学习基础有较大差异,两极分化严重;普遍缺乏优良专业的师资队伍，教法单一随意。最后，教材与信息技术发展不同步，教学内容较陈旧枯燥，不少学生学习信息技术的兴趣不高，信息技术课堂往往不是过于单调沉闷，就是过于热闹随意，同时还有课时短缺、软硬件设备限制等不利因素的影响，使得课堂教学效率低下，教学目标无法达成。为了解决这些问题，教育部从2000年开始倡导"全国中小学电脑制作活动"，活动内容分为数字创作评比、创客作品评比和电脑机器人竞赛三大项目类别。其中，数字创作评比项目根据不同学段中小学生的特点，设置了电脑绘画、电脑动画、电子板报、网页设计、3D创意设计、电脑艺术设计、程序设计、微视频等评比项目。贵在参与，重在过程。"参赛中小学生要独立进行作品的创意、设计并自己动手实现创作。"为中小学信息技术教育发展提供了一个良好的平台。

二、教学模式建构

（一）理论基础

1. 建构主义学习理论

建构主义学习理论认为，学习的过程是学习者主动建构知识的过程，"学习是建构内在心理表征的过程，学习者并不是把知识从外界搬到记忆中，而是以原有的经验为基础，通过与外界的相互作用来建构新的理解"。在"六学七步反刍"教学模式中，教师在教学中合理地渗透电脑制作活动内容，将参赛所需的知识和技能科学合理地与教材中的学习内容相结合，给学生指出明确的发展方向，让每个学生都成为电脑制作活动的参赛选手，让学生根据自己的特长爱好，自选主题，发挥创意，用所学知识和相关的信息技术技能主动创作电脑作品，让学生在活动过程中掌握应用信息技术解决问题的思想和方法，让学生在学习过程中自主选择和自我设计，将所学信息技术积极地应用到学习、生活乃至信息技术革新等各项实践活动中去。通过课程内容的合理延伸或拓展，充分挖掘学生的潜力，主动建构新的知识，实现学生个性化发展，为学生打造终身学习的平台。

2. 人本主义的学习理论

人本主义的学习理论注重启发学习者的经验和创造潜能，引导其结合认知和经验，肯定自我，进而自我实现。在"六学七步反刍"教学模式中，将中小学电脑制作活动与信息技术教学深度融合，有助于激发学生潜能，引导学生充分运用所学信息技术知识与技能，结合学习与生活实践经验，自主选择参赛项目，发挥创意，表达思想，创作参赛作品。

（二）"六学"策略的形成

1. 观念导学

"引起学生学习的意向"是我们要走的第一步。使学生了解每个人都可以参与全国电脑制作活动，在大主题（如"探索与创新"）下，可以自选主题、自定内容、自选软件制作，这项活动给了每个学生展现才华的机会。鼓励学生结合学习实践和生活实际，积极探索、勇于创新，培养发现问题、分析问题和解决问题的综合能力，并运用信息技术手段设计、创作电脑作品。

2. 目标激学

指明学生所要达到的目标和所学的内容。在开学第一节课就要让学生明白电脑制作活动对大家非常有益。向他们展示历届全国电脑制作比赛中田家炳中学学生具有代表性的获奖作品，简介作品的作者情况和制作过程，并让学生知道：只要努力，经过一段时间的学习，他们制作的作品可能会更专业、更漂亮！然后让学生明确参赛要求、目的、意义，鼓励每个学生都积极参加电脑制作活动，强调贵在参与、重在学习掌握更多的信息技术。培养学生充满自信和发奋好学的"尊严"，激发学生饶有兴趣地参与教学的活力。

3. 榜样引学

竞赛给学生的第一感觉是很难。为使学生克服畏难情绪，每一节课，我们都会在课堂上不断创设情境，引发学生的好奇心和求知欲。如在学习Photoshop之前，选择用Photoshop制作的技术难度适中的田家炳中学获省二等奖的电脑平面设计作品《博雅四绝》给学生展示。选择本校同学的作品展示可以激发学生的荣誉感，同时让学生知道获奖作者就在自己身边，使学生明白"世上无难事，只怕有心人"。在展示过程中，引导学生思考："他们的作品是如何创作出来的呢？"再把Photoshop软件推荐给学生，使学生在获奖同学和优秀作品的引导下，积极投入学习，在创作中既有模仿，又有超越，保持"我也能做参赛作品，我能做得更好"的学习激情。

4. 创新拓学

电脑制作活动特别注重学生作品对社会、学习、生活、时事的关注，那么在平时的教学中，就要引导学生仔细观察社会生活，关注时事，从生活中提炼主题，确立表现的内容和手法。从课内扩展到课外，从校内扩展到校外，加强能力之间的有效迁移，以提高学生综合应用知识、创新性地解决实际问题的能力。为了充分发挥学生的创新潜力，田家炳中学构建了创新的教育环境。如在校内组织电脑制作活动评选，在设计、制作阶段，教师激励学生在满足创作目标的基础上尽情地创意，给他们提供机会，使学生展开想象的翅膀，对学生的创新成果进行奖励，选拔优秀作品参加市里竞赛并将优秀作品展示在校园网络上，供学生之间进行交流。这既为学生提供了表现自主、首创和个性的机会，又形成了崇尚创新、尊重创新的氛围。

5. 合作互学

学生之间的信息意识、知识水平、操作能力参差不齐，甚至差异很大，如何在教学中实施差异教学，培养学生良好的信息素养与实际操作能力，全面提高学生的整体水平？本文认为，分组教学法是一种行之有效的教学模式。

在课堂教学中，我们一般采用异质分组法，学生互补性强，更能体现和发挥互相包容、互相帮助、互相合作的精神。首先，每组推选一名理论水平较高、操作能力较强且有一定组织能力的学生担任组长，起到联络、监督和指导作用。其次，要为互动提供条件，恰当地安排上机座位，有利于组员之间互帮互学。最后，明确小组学习目标、任务、资源、过程和评价方式，实施互动协作学习。而在第二课堂即竞赛班中，我们一般采用同质分组法，把同一项目且知识技能水平相近的学生安排在同一个小组里，一般也是3~4人一组，这样有助于优秀学生之间创意互融、能力互补，创作水平快速提高，呈现更多的精品。

6. 网络助学

互联网的最大特点是资源极其丰富，为教学提供了研究、探索、实践的材料。围绕电脑作品创作主题，引导学生在学习的过程中，不断收集、积累媒体素材，使每个学生都有自己的分类齐全、便于作品创作的多媒体素材库，为学生准备支持创作的资源，包括提供资源来源线索、获取方法、一些难以获取的资源等。同时引导学生对获取的信息进行辩证分析，通过价值判断，剔除糟粕，然后对有用信息进行深层挖掘，寻找其中蕴含的价值和意义，去粗取精、去伪存真，创新性使用，满足需求。

（三）"七步反刍"教学模式的建立

经过长时间的实践，本研究探索了信息技术理论课堂教学与电脑制作活动深度融合的一系列教学策略、途径和方法，逐步构建出"七步反刍"教学模式。"七步反刍"教学模式主要包含以下七个步骤：范例引入—技术分析—任务探究—学生演示—师生评析—反刍练习—作品赏析。"七步反刍"的思路来源于生物学，所谓"反刍"，是偶蹄类的某些动物把粗粗咀嚼后咽下去的食物再返回到嘴里细细咀嚼，然后咽下，俗称倒嚼。比喻对过去的事物反复地追忆、回味。"七步反刍"教学法是教师参照偶蹄类动物的反刍原理，即"粗吞—细嚼—消化"原理，将所教内容设计成问题或任务，让学生按照"粗吞—细嚼—消化"的步骤掌握应学的内容。教师根据教学内容引导学生粗吞，不断细嚼、消化，最终成为自己的知识，达到教学目标。

首先是"范例引入"，精选范例，引起学生学习的意向。要获得好的教学效果，教师首先需要激发学生的学习动机，当教学是在学生想学的心理基础上展开的，我们的教学才能更有效。通过优秀范例激趣，充分调动学生的学习积极性，然后通过"技术分析"，对范例的源文件进行解析，破除学生的畏难情绪；再将任务细化为若干个小任务，安排学生进行"任务探究"，主动寻找解决问题的方法；在学生探究的基础上，进行"学生演示"，请先完成任务的学生分享经验；在观看学生演示操作的过程中，进行"师生评析"，观看演示的学生可质疑反思并提出自己的见解，教师有针对性地引导学生解决学习中的重难点问题；学生再根据自己的探究成果、同学分享的成功经验、教师的点拨，"反刍练习"所学知识技能，不断巩固内化所学，完成课堂学习任务；最后环节是展示学生的学习成果，进行"作品赏析"，学生在观看成果展示的过程中，再次反刍内化所学。通过"七步反刍"，学生可以较好地达成学习目标。"六学七步反刍"教学模式的构建过程如图2-1所示。

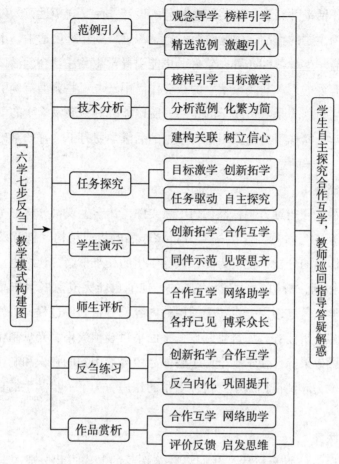

图2-1 "六学七步反刍"教学模式构建图

图2-1七个步骤在教学中依次展开，每一个步骤都是以教师为课堂的主导，学生为学习的主体。学生在多次反刍中从粗吞到细嚼再到消化，不断地在学习中获取知识，并反刍内化，转化为自己的学习感悟，使自身能力得到提升，素养得到增强。

三、教学应用实践

本文结合粤教版《多媒体技术》第四章第二节"图像处理"的课堂教学，对"六学七步反刍"教学模式的应用进行分析。

1. 范例引入

本节课中，我选取的范例是田家炳中学高二年级马××同学参加广东省中小学电脑制作活动并获省一等奖的电脑艺术设计作品《守望远方》。这个以关注留守儿童为主题的作品，主题鲜明，立意深远，制作难度适中，不仅可以用这个范例引导学生学习Photoshop软件，更能引导学生关注社会生活以及弱势群体，做一个有爱的人。从我校学生的获奖作品中选取一些典型范例引入，学生会感到很亲切，因为是身边同学的作品，所以能较好地激发学生的学习兴趣，起到观念导学、榜样引学的作用，为学生的后续学习打下良好的基础，充分调动学生想学、乐学的意识。

2. 技术分析

教师展示《守望远方》作品的PDF源文件，让学生观察分析思考：该作品是怎样做出来的？教师与学生一起分析该作品的组成结构、创意及使用的技术，通过对作品的分析，化繁为简，破除学生的畏难情绪，让学生意识到获奖作品并不难做到，身边的同学能完成的，他们也能完成。展示作品的图层面板，教师与学生一起逐层分析各个图层的内容，分析制作过程，将教学任务合理地分解为多个小任务，如背景制作、平面书籍装帧效果、光盘制作效果、阴影效果、倒影效果等，使学生全面了解作品中可能用到的知识和制作技术，让学生跃跃欲试，起到目标激学、榜样引学的作用，为下一步学生的自主探究埋下伏笔。

3. 任务探究

在完成以上技术分析后，我们将获奖作品的制作过程分成了若干个小任务，如背景制作、平面书籍装帧效果、立体书籍装帧效果、光盘制作、阴影效果、倒影效果等，把任务逐个布置给学生，适当地给予学生尝试和探究的时间，鼓励学生另设作品主题开始任务探究。学生以小组为单位，分组讨论、合作互学、自主探究，在学生探究过程中，教师适时提问，同时也鼓励学生提出问题，引发学生进一步地思考，形成学生自己发现问题、解决问题的良好课堂氛围。通过第二步的"技术分析"，大部分学生在已有知识技能的基础上，在最近发展区内，能顺利完成"任务探究"这一任务。在学生进行任务探究的过程中，教师通过巡回指导，了解和掌握学生探究过程中出现的问题，对学生在学习过程中普遍存在的难点问题做到心中有数，并在后续教学过程中有针对性地重点讲解，从而顺利突破教学重点和难点。目标激学、创新拓学、合作互学等措施在不知不觉中发挥着作用。

4. 学生演示

教师通过观察学生探究过程的表现，选取学生代表演示讲解自己的制作过程。通过学生代表的讲解演示，已完成任务的学生可能学习到解决问题的不同方法，没有完成任务的学生对学习内容也可以加深认识，随后解决问题。榜样引学、目标激学、合作互学等措施促使"学生自己教自己"的学习模式在课堂教学中形成。

5. 师生评析

在学生演示过程中，先由其他学生点评，教师再适当点拨，补充学生没有讲到的内容，重点讲解在学生探究过程中遇到的共性问题，纠正理解错误的内容，以扩展学生知识，加深学生理解。在这一步中，教师还可以与学生一起讨论如何使作品更完善，和学生一起探讨作品的优缺点，提出改进方案，给予学生思考的余地、拓展的空间。通过榜样引学、创新拓学、合作互学，使学生在创作中既有模仿，又有超越，保持"我也能创作参赛作品，我能做得更好"的学习激情。

6. 反刍练习

通过之前的学生演示、师生评析，学生已经基本掌握了作品的制作方法，并内化为自己的学习感悟，给予学生再次修改完善作品的时间，使基础好的学生与基础差的学生都有发挥潜能的时间和空间，使学生的实践能力和解决问题的能力得到全面提高，很好地落实分层教学，达到创新拓学的目的。

7. 作品赏析

在完成学习任务的同时，学生也创作出了自己的作品。在下课前，通过网络收集学生作品，并利用学生生成的课堂资源，选取有代表性的作品，通过学生评价、小组评价、教师评价等多元评价方式，及时反馈学生作品情况，让学生了解自己作品的优点和不足，以进一步提高学生的创作能力和艺术鉴赏力，达到网络助学、创新拓学的目的。

四、教学应用效果

田家炳中学从2003年开始组织学生参加各级中小学电脑制作活动，并不断进行各种教学改革实验。自2006年始尝试将电脑制作活动与信息技术课堂教学相结合到2009年的有机整合，再到2012年始的深度融合，在长达10多年的教改实践中，逐步形成"七步反刍"教学模式，到2016年逐渐完善成"六学七步反刍"教学模式，取得了丰硕的成果，其应用成效通过实践得到了检验。

1. 促进教师专业化发展

教师肩负着把每一名学生都培养成电脑作品创作天才的任务，为更好地履行职责，教师需要不断学习、不断实践、不断研究、不断充电、不断提高自身的专业水平和综合素养。近5年，教师参与的学习培训超过1000学时，主持了2项省级课题和10项市级课题，2次获市级教研成果奖，参编粤教版教材。在教学教研中共获奖40多项，撰写的15篇论文分别获省市一、二等奖；9个课件获得市级以上奖项，《中学生上网小学堂》获全国暨省市一等奖；教学案例"用PS制作古典竹简画"获全国一等奖，教学设计10次获省市奖励，承担各类公开课30多节。在学科竞赛指导工作中，指导学生参加中华骨髓库海报动画大赛、电脑制作活动、信息学奥林匹克、电脑机器人等学科竞赛，获国家级奖50多项，获省级奖400多项、市级奖2000多项。10人次获省电脑制作活动组委会表彰，20人次获市优秀指导教师称号，还有8人次被评为市信息学优秀辅导教师。

2. 促进学生全面发展

在"让每一名学生都成为电脑作品创作天才"这一教学思想的引领下，教师不仅很好地促进信息技术课堂教学的有效开展，顺利达成教学目标（在每一年的考核中，学生的合格率都在99%以上，优秀率在76%以上），而且取得了意想不到的教学效益：许多学生都能运用信息技术课与电脑作品评选活动中所学的知识，触类旁通地自主解决问题，如自编自导动画片，制作电子贺卡、动画MTV、各学科研究性课题的课件、个人网页，制作学生会网页、校园文学社期刊，帮助其他科任教师制作上课课件、设计论文版式，为班级设计班徽，制作班会课的课件……而在第四届至2018年第十九届全国电脑制作活动中，我校学生个个都参与，人人有作品。自2007年韶关市举办"校讯通"杯电脑制作评比活动以来，我校每一届参与活动的学生都超过1000人，并且参与人数逐年上升，2018年共收作品1200多件，有197件作品获奖。2003—2018年，共获国家奖45项、省奖412项（其中一等奖77项），在广东省名列前茅。

五、结语

"六学七步反刍"教学模式以新课程标准为依据，运用先进的教育教学理论指导教育实践，以培养全面发展的人为核心，探寻教育规律，将课堂教学和学科竞赛深度融合，以适应新课标下的教育新变革，生成了丰富的教育教学资源，其中大多数范例案例选自本校学生竞赛获奖作品，原创性高、亲和力强、适用性好，面向全体学生，深受师生的欢迎，教学效果显著，为学生们的奇思妙想插上了翅膀，"人人都参与，个个有作品"较好地促进了学生核心素养和学科核心素养的提高，让学生在勤奋读书、努力学习的间隙，也有了张扬个性的天地，为学生的后续发展奠定了坚实的基础，成就了学生的一个个美丽梦想，也成就了授课教师的美丽梦想——成为一位有作为的老师！

参考文献

[1] 邱磊."偷师"杜威——开启教育智慧的12把钥匙 [M].北京：中国轻工业出版社，2014.

[2] ［美］Linda Campbell，等.多元智力——教与学的策略（第三版）[M].霍力岩，等译.北京：中国轻工业出版社，2004.

[3] 余文森，吴刚平.新课程的深化与反思 [M].北京：首都师范大学出版社，2004.

[4] 莫雷.教育心理学 [M].广州：广东省高等教育出版社，2002.

[5] ［美］罗伯特·M.卡普拉罗，等.基于项目的STEM学习 [M].王雪华，屈梅，译.上海：上海科技教育出版社，2016.

[6] 陈东莉，闫伏花.基于项目的学习（PBL）与元认知能力的培养 [J].软件导刊·教育技术，2009（6）：10–12.

[7] 邱美玲，李海霞，罗丹，等.美国《K–12计算机科学框架》对我国信息技术教学的启示 [D].广州：华南师范大学教育信息技术学院，2017.

让民主和谐的氛围洋溢在信息技术课堂

广东省韶关市田家炳中学　朱静萍

信息技术教育已经超越了单纯的计算机技术训练阶段，逐渐发展成为与信息社会人才需求相适应的信息素养教育。

作为一名肩负着培养信息时代合格公民重任的信息技术教师，应如何顺应时代的要求，排除学生基础良莠不齐与课时少、内容多、任务重等不利因素的干扰，充分把握每一节课，调动起每一名学生的学习热情，让学生乐学、爱学，切实提升每一名学生的信息素养，使教学质量得到保证，这是值得我们每一位教师深思的问题。

笔者认为，营造民主和谐的信息技术课堂教学氛围是提高教学质量行之有效的方法。那么，如何才能更好地创设民主和谐的教学氛围？近几年，笔者在教学中得到以下一些启发。

一、建立平等民主的师生关系是打造和谐课堂的前提

信息技术学科与其他学科在内容和形式上有很大不同，它是一门知识性与技能性相结合的基础工具课程，重在培养学生对信息技术的兴趣和意识以及学生的创新精神与实践能力，继而形成良好的文化素养，为他们适应信息社会的学习、工作和生活打下必要的基础。信息技术的学科特点需要我们改变传统的"师道尊严"的观念，构建平等、民主、和谐的师生关系，营造愉悦的学习氛围。

1. 树立平等的师生关系

从教以来，我始终认为，教师要做学生的伴游，而不仅仅是导游。"导

游"主要指导学生学习，为学生排疑解难；而"伴游"往往能参与学生学习的全过程，并在学习中与学生同甘共苦。教育实际上是一个特殊的服务行业，教师要服务学生，要给学生当"伴游"，建立人格平等的师生关系。

要实现师生人格平等，教师首先要理解学生。理解学生就是要走进学生的心里，洞悉学生的喜怒哀乐，了解学生的兴趣爱好；把自己融入学生中去，站在学生的角度看待他们的需求和期望；不对学生的所作所为求全责备，对学生的每一点点成绩给予充分肯定，在学生学习或者生活中出现困难时，及时送上精神和物质的援助。其次是尊重学生。尊重学生就是要尊重学生的人格尊严。要少一点教育者的威严，多一点慈母般的温和；少一点公众场合的批语指导，多一点两个人面对面的情感交流。对学生的优点要满腔热情地给予鼓励和肯定，使学生对自己充满信心。最后是宽容学生。教师在与学生交往中对学生的宽容体现了师生交往的特殊性以及教师在师生交往中的主动和示范作用。因为无论是年龄、阅历还是知识、能力，师生之间都存在较大差距，只有教师以学生的心态看待学生，以宽容的态度对待学生，才能实现师生之间的平等。教师要善于倾听学生的不同意见，尤其是学习中的不同见解。即使学生的意见不全面甚至有错误，也要让他们说完，容他们辩解，给予他们理解和改正的时间与机会。如为了实时了解学生的学习状况，在课堂教学中，我会不时地通过教学管理平台观看学生的练习情况，当偶尔发现有个别学生上课玩游戏、看视频，我只是笑着对班上的学生说："我们班富有挑战精神的同学又在考验我们教学监控系统的灵敏性了。"虽然没有直接点名批评，但达到的效果更好。对学习困难的学生，教师更要持宽容的态度，做到不歧视，不厌弃，诲人不倦，耐心帮助，期待进步。

2. 树立民主和谐的师生关系

在传统教育中，过分突出选拔功能，严重挫伤了部分学生的积极性。信息技术学科的特点要求建立民主和谐的师生关系。如今的信息技术日新月异，每名学生都可能有自己的绝活，我们要想办法让学生做做"老师"，在教师的角色上展示自己的技术，抒发自己的灵感，体现自我的价值。只有在民主和谐的师生关系下，学生才会充分显示自己的才华，挖掘自己的潜能，形成自主自觉意识，努力探索科学的奥秘，激发创新激情。

教师的亲和力和感召力是创设民主和谐师生关系的基础。亲和力是指教师在与学生对话时，首先要做到态度和蔼可亲，语气亲切委婉，让他们听得懂、能理解、愿接受。只有这样，学生才会感到教师可亲可近，从而敞开心扉，打开话匣，师生之间才会畅所欲言、直抒胸臆。感召力是指教师与学生对话时语言生动活泼、幽默诙谐，富有感染力，这样才能给予学生如沐春风的惬意、轻松，才能引起学生心灵的共鸣，激发学生对话的欲望。

3. 建立互动的师生关系

从社会学观点来看，教学过程是一个师生交互作用的过程，师生互动的性质和质量在一定程度上对教学活动的效果起着决定性作用。因为在教学活动中，总是有一定的观念（如教育观、学生观、质量观等）支配教师的教学行为，并对学生施加影响。而学生也会根据自己的价值取向和需要，理解、接受教师的影响，并在行动上做出反应。

在民主和谐的信息技术环境下，教师是教育的主导，学生是学习的主体，师生的活动是连续的、互动的。如在作品制作及作品互评过程中，通过课堂设疑，全班讨论，让学生自主探究、自由讨论等方式，给予学生"七嘴八舌"发表自己见解的机会。教师根据学生的课堂表现及时改变教学策略，调整教学进程，形成互依互动的师生关系，这样才有助于课堂教学效果、效益、效率的进一步提高。在教学中，教师甘为人梯的奉献精神对学生也是很大的启发、激励，不但可以使学生努力学习，而且能帮助教师进步，从而实现教学相长。互动是平等的师生关系在教学活动中的具体体现，只有师生平等，才能充分实现教学互动。

4. 建立真诚关爱的师生关系

在我国，"师道尊严"由来已久，在教师尊严的光环笼罩下，学生畏首畏尾，不敢越雷池一步。虽然教师的本意是爱学生，以"严"为爱，但这种封建家长式的爱并不受学生欢迎。学生只能按照教师心中的标准，亦步亦趋。学生自己的思维和个性在这种被动学习中被弱化，以至磨灭。教师必须改变"唯我独尊""自命不凡"的思想，以真诚的师爱去温暖学生的心。当学生遇到困难无法解决时，教师主动上前去帮助其渡过难关；有学生身体不舒服，教师嘘寒问暖给予关怀；有学生在课堂控制不住游戏瘾，教师可以用幽默的语言制止他，引导他与课堂同步……这种爱是一种只付出而不计回报的无私的爱；这种爱是以感情赢得感情、以心灵感受心灵，是教师教育学生的感情基础。"随风潜入夜，润物细无声"，这就是师爱的力量。

平等、民主、和谐的师生关系是打造和谐课堂的前提，这不仅不会使教师的威信下降，反而会让教师得到学生的更多拥戴；不仅不会使学生的学习质量下降，反而会培养出适应21世纪需要的高素质人才。

二、优化课堂教学是营造民主和谐课堂教学氛围的基础

如何才能营造民主和谐的课堂教学氛围？我认为，优化课堂教学是我们要做的第一项工作。因为只有切实减轻学生负担，使用丰富多彩的教学手段和方法，在课堂40分钟内最大限度地增加课堂容量，从而使内容得以延伸，才能进一步拓宽学生知识的深度和广度，培养学生多方面的技能，渗透多层次的思想品德教育，顺利达成新课程标准的三维目标，切实提升学生的信息素养。

1. 创设情境，引导质疑，启发思考

学生学习能力的培养离不开抽象、概括、分析与综合等思维过程。如何使抽象的、枯燥的知识变得有趣，这就要求我们教师要有针对性地创设情境，及时掌握学生的思维信息。在教学中创设一种简单明了的情境，引导学生质疑问难，并通过多种形式启发学生积极思考。如在教学文字处理软件时，我设置的情境是：首先提出韶关是旅游城市，怎样介绍我们的韶关呢？然后从查找资料、精选资料到组织材料，以致最终完成教学目标——设计"韶关旅游的宣传手册"。创设情境的过程激发了学生对家乡的关注和热爱，让学生知道如何学以致用，用技术去解决实际问题。

2. 精心组织教学，注重能力培养，做学生创作的引路人

信息技术学科重实践、重能力，师生共同面对的不仅是知识和教材，还有更为广泛、更为精彩的现实生活。在这种情况下，教师应注重解决学生身边的问题，注重用学生容易接受的方式展开教学，注重学生的亲身实践，重视在应用中传授思想和方法，把培养学生解决实际问题的能力作为教学的最终目标。

教师可根据教材特点精选教学内容，把抽象的概念、深奥的原理拓展为生动、有趣的典故，或适当、合理地运用一些成功的案例，促进理论与实际的有机结合，使学生产生想创新、敢创新的动力，引导学生活学活用，创作电脑作品。如我在课堂教学中向学生展示往届电脑制作活动中我校学生的获奖作品，讲解作者的创作情况和制作过程。向学生传递这样一条信息：只要大家努力，

每名学生都可以制作出精美的作品。有一名高一学生提出能否把自己喜欢的流行歌曲用电脑软件制作成MTV参赛，我对他的这个想法表示赞赏，同时告诉他最好先把Flash、Cooledit等软件应用学好。后来，他创作的电脑动画作品《约定》获得了国家三等奖暨省一等奖。我在课堂教学中用电脑制作评比活动丰富了学生的学习生活，激发了学生的创新精神，培养了学生的实践能力，提高了学生的综合素养。

3. 给学生表现的机会，实时激励，形成好学风

在课堂教学中，应明确学生的主体地位并充分发挥教师的主导作用。因为无论是知识的获得，还是智力的开发和能力的发展，都必须通过学生的积极思考和实践活动来实现。教师既不能把知识生硬地灌输到学生头脑里，也不能把思想观点移植到学生的头脑中。只有发挥学生在学习过程中的积极性、主动性和独立性，引导学生积极参与教学过程，才能促使学生在知识、能力等方面取得进步，从而完成教学任务。我们在教学中要改变传统的教学模式，真正从学生的学出发，为学生主动、自觉地参与学习创造条件。

在课堂教学中，尽可能展示学生的思维过程，及时发现学生智慧的火花，并加以肯定与鼓励。因为学生都喜欢表现自己，为了发现问题，他们必定开动脑筋思考，挖空心思标新立异。在教学文字处理软件时，我创设了为自己的家乡制作宣传手册的情境后，又展示事先制作好的"丹霞山旅游手册"给学生观看，提问：大家知道手册是怎样做出来的吗？它用到了哪些技术？接着请学生上讲台分享自己的想法，演示操作。操作正确的，大家热烈鼓掌；操作不到位，我也会对他独到的方法进行适当的肯定，并请发现问题的学生来纠正。经过集体讨论、辨析，学生就可以发现错误、纠正错误了。最后我把自己的方法介绍给学生，使全班学生受启迪，各个层次的学生都兼顾到了。这样不仅激发了学生的学习兴趣，更重要的是培养了学生勤于思考、善于寻找错误的好习惯。

4. 巧用语言艺术，激发学生的学习兴趣

教学是一门语言艺术。在教学中，教师富有哲理的幽默以及机智俏皮的语言能深深地感染和吸引学生，使自己教得轻松，学生学得愉快。在课前，教师要进行自我心理调整，这样在课堂上才能有声有色，才能带着愉悦的心情传授知识，从而使学生受到感染。比如，不少学生喜欢玩电脑游戏，特别是QQ农场，上课也忘不了。在这种情况下，对于教师教学的内容，学生根本没法听进去。为此，我上课一般会提前几分钟做准备工作，提醒学生要摘菜的赶紧摘。打了上课铃，我一般会问学生："菜摘好了没有？"如果学生回答"没有"，我会宽容地说："再给2分钟。2分钟过后，其他非学习窗口一律不得打开！"遇到不自觉的学生在上课时偷玩QQ农场，我会打趣说："趁老师讲课，你就偷我的菜啊！有点不公平哦！"事实证明，教师风趣的语言艺术不仅能吸引学生的注意力，而且能赢得学生的喜爱、信赖和敬佩，从而对学习产生浓厚的兴趣，即产生所谓爱屋及乌的效应。

5. 及时总结反馈，让学生体验成功

苏联教育家苏霍姆林斯基说过："只有当学习有了成绩而受到鼓舞时，才会产生对学习的兴趣。""没有什么东西比成功有更加满足的感觉，也没有什么东西比成功更能鼓起进一步求成的努力。"教师对学生的评价是激发学生学习兴趣的动力，一旦学生在学习上的每一点进步得到教师的鼓励与肯定，他们的学习兴趣往往成倍激增。每一节课，学生通过学习都会有一些成果，哪怕是稚嫩的，我们也要给予他们展示的空间。在课堂教学中，我习惯走到学生中去观察他们的学习情况，一旦发现学生的某一个闪光点，我从不吝惜我的表扬和赞赏。当评价面向全体学生，我就有针对性地从学生学习的情感、态度、自信心、思维方法、创新能力等方面适时进行正面、积极的评价，使学生敢于把自己的见解大胆说出来，这样无形中增强了学生学习的自信心和积极性。

学生是学习的主体，让学生参与评价能有效调动学生的学习热情。在教学中，组织学生探究、合作、交流、互评，营造比、学、帮的学习氛围，适时发挥评价的作用。通过学生的互评，同学之间互相纠正、互相改进，就这样，一些原本超出学生学习范围的问题转变成了可以解决的问题，从而顺利地解决了新问题。只有给学生搭建自我展示的平台，才能真正调动起他们的学习热情，激发他们的求知欲望，激励他们走向成功。

实践证明，民主和谐的课堂氛围的确有助于学生的成长，学生不仅较好地掌握了所学知识和相关技术，实践能力和创新精神也得到了很好的锻炼。我校学生参加各种信息技术学科竞赛表现不俗，屡获佳绩：在近3届中小学电脑制作活动中，共获全国奖1项、省奖35项（其中省一等奖7项、省二等奖5项、省三等奖10项、省优秀奖13项），市奖520项（其中市一等奖72项、市二等奖94项、市三等奖130项、市优秀奖224项）。

　　古语云："亲其师，信其道。"美国心理学家罗杰斯（Rogers）也说："成功的教育依赖于一种真诚的理解和信任的师生关系，依赖于一种和谐安全的课堂气氛。"民主和谐的课堂气氛其实就是良好师生关系最直接的体现。建立民主平等的师生关系是学生乐学的前提，创设和谐愉悦的教学氛围是学生爱学的条件，营造民主和谐的课堂教学氛围是提高教学质量最有效的方法。愿民主和谐的氛围洋溢在每一节信息技术课堂中。

参考文献

［1］陈大伟.建设理想课堂［M］.北京：中国轻工业出版社，2007.

［2］曾美蕙.超越教学技巧［M］.南宁：广西教育出版社，1999.

［3］［美］Linda Campbell，等.多元智力——教与学的策略（第三版）［M］.霍力岩，等，译.北京：中国轻工业出版社，2004.

［4］［意］玛利亚·蒙台梭利.教育中的自发活动［M］.江雪，译.天津：天津人民出版社，2003.

［5］莫雷.教育心理学［M］.广州：广东高等教育出版社，2005.

［6］［美］梅里尔·哈明.教学的革命［M］.罗德荣，译.北京：宇航出版社，2002.

［7］钟启泉，崔允漷，张华.为了中华民族的复兴，为了每位学生的发展——《基础教育课程改革纲要（试行）》解读［M］.上海：华东师范大学出版社，2001.

新高考背景下仁化中学
学生生涯规划教育的实践研究

广东省韶关市仁化中学 曹 剑

2019年4月，广东省教育厅公布《广东省深化普通高校考试招生制度综合改革实施方案》，该方案指出，新高考政策将于2018年秋季入学的高中一年级开始实施，到2021年基本形成分类考试、综合评价、多元录取的考试招生方案，初步构建起衔接沟通各级各类教育的人才成长立交桥，健全促进公平、科学选才、监督有力的高校考试招生管理体制机制。该方案要求学校教育不能只关注学生眼前发展，而应该满足服务学生"选科"，帮助学生完成学业规划、专业规划、职业规划，立足学生的未来发展。于是，如何选科成为每位高中生面临的重要课题，这就需要学校、家庭及社会对学生进行生涯规划教育。

一、仁化中学学生生涯规划教育实施缘起

在偏重学业、忽视素养的高考环境下，大多数学生只是为了读大学才学习，学生学习被动，自主学习能力差。尤其是在填报高考志愿时，对院校不清楚，对专业不了解，对自己未来从事的职业更是没有概念，往往是听凭家长选择。这样容易导致学生进入高校后不适应高校生活，不喜欢专业课程，进而荒废学业，迷失自我。

同时，我校学生还普遍存在以下问题：第一，缺乏每一年每一个学期的阶段性学习规划；第二，自我目标缺失；第三，不了解自己，对个人职业追求认识不到位，等等。

随着新高考改革的推进，若想解决好当前学校的困境与学生选科的难题，

我们必须重视中学生生涯规划教育，关注学生综合素质的提升和未来发展。对此，仁化中学结合《广东省"十三五"教育事业发展规划》《广东省深化普通高校考试招生制度综合改革实施方案》文件精神与要求，启动了《仁化中学学生生涯规划教育建设方案》，研究开发线上系统和线下课程。通过丰富的、系列化的生涯教育活动，使学生在丰富的规划经历中形成生涯管理素养和自我发展素养，明确人生方向。这一活动很好地解决了学生选科和学生生涯规划的问题，也为仁化中学培训专业的学生生涯发展辅导教师开发特色的校本生涯课程，促进仁化中学与生涯教育领域专家学者、优秀学校的交流互通，提供了大量资源。同时，我们也致力于把我校建设成为粤北山区生涯规划教育示范学校。

二、仁化中学学生生涯规划综合发展体系

仁化中学生涯规划综合发展体系主要从以下五个方面进行构建：学生生涯规划课程、学习能力发展课程、学业发展规划课程、综合素质发展课程、研学探究（见图2-2）。

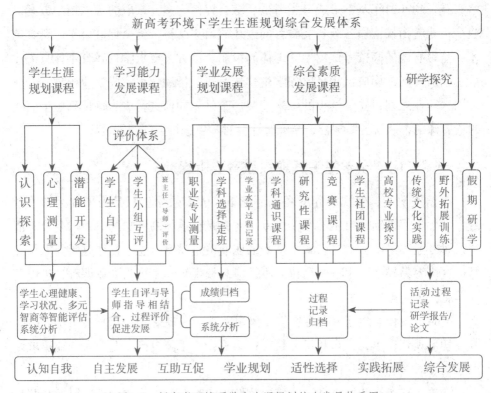

图2-2 新高考环境下学生生涯规划综合发展体系图

三、仁化中学学生生涯规划教育的核心要素

仁化中学学生的生涯教育主要基于学生的成长与发展需求，实现学校育人目标的价值追求，在落实新高考要求的背景下，从整体层面全方位思考与设计学生生涯教育方案。基于AI大数据的动态智能生涯规划系统建设学生生涯教育方案，以"自主+选择"为核心价值理念，以"平台+课程+科技"为主要实施方式，辅以生涯体验课程、生涯教师培训、生涯讲座等相关措施，为学科选择、志愿填报指导和综合素质评价学习提供精准、全面的一体化服务平台。通过云计算可以分析出有关学生各方面的具体信息，如学生的兴趣特征、个人成绩、职业方向等；然后通过标签的形式把各个信息转化为独特的主题并呈现出来；最后根据顶层设计，编写具有特色的校本教材，构建具有仁化中学特色的生涯规划教育体系。《仁化中学学生生涯规划教育建设方案》主要有以下五部分。

（一）操作平台

仁化中学开发学生生涯规划系统平台，整合学生能力发展、学业水平和专业职业规划，使学生时刻了解和调整自己在上述三大板块中的生涯发展阶段目标，激发其自主生涯规划动力，调动其自主进行生涯规划的积极性（见图2-3）。

图2-3 学生生涯规划系统操作平台功能项目设计

1. 学生方面

通过系统提供的信息可及时关注自身的动态变化并进行调整，促进学生对自我认识与自我发展的合理评价，方便学生及时了解、调整自己的学习目标与行为，让学生在自主规划的情境下，依旧有一个主流的导向。它将会划分学生的成绩分布，然后与各大学及其专业的录取投档线进行匹配，最后根据学生成绩排位，向学生推荐适宜报考的大学群与专业群，便于学生理性选择、科学规划。同时通过不断的自我评价，调动学生的自主精神，强化内部学习动机，用自发的目标导向激发学生的学习积极性，从而帮助学生自主规划学习生涯。

2. 教师方面

教师能够全面知晓所带班级学生的总体情况，通过系统的筛选，对有需要的学生，我们可以进行有针对性的生涯规划指导建议。班主任可以通过平台系统全面了解自己班中学生的生涯能力、倾向等概况，并及时进行辅导；任课教师可以通过系统及时对具有相同倾向的学生进行专业性教学，促进学生特长发展。

3. 家长方面

家长可以借助平台系统及时获取孩子的个人生涯规划信息。同时，在选择加试科目及高考志愿填报时，系统会给家长一个适宜且具体的参考建议。

（二）生涯体验课程

生涯体验课程主要有三个部分：研学活动、个性化课程、研究性学习。

1. 研学活动

研学活动是以学生发展需求为主要目标，形式多样，注重体验和实效的生涯体验课程服务体系，从学生个人兴趣、未来职业专业等方向出发，发现问题，并将其转化为生涯教育课程与活动实施，促进学生拓展自我，培养学习能力、生活适应能力，增强社会参与能力。生涯体验课通过开设生涯教育课程、组织生涯教育活动、提供生涯发展辅导等形式，激励学生研中做、做中学、学中研，让学生全面发展，帮助学校深化教育综合改革。

2. 个性化课程

通过云计算可以分析出有关学生各方面的具体信息。

3. 研究性学习

研究性学习课程主要是为了帮助学生建立问题研究框架，让学生了解该怎么选择课题，确定课题研究方向，制订课题研究方案，撰写研究性学习结题报告，最后通过研究性学习课题展示活动，向全校师生汇报课题的整个研究过程。研究性学习课程不仅可以提升学生发现问题、研究问题、解决问题的研究意识，还可以培养学生的合作精神与勇于尝试的探索精神。

（三）师资培训

通过系统培训，教师可以全面了解教育综合改革和高考招生政策，学习生涯规划知识，了解生涯及生涯规划的内涵、特征和意义，清楚学生的生涯规划内容与影响，通过学习指导生涯规划的各方面技术和方法，提升教师指导生涯规划的操作能力，为学生选择学科、选择专业、规划职业、填报高考志愿提供帮助。

（四）生涯教材

开发仁化中学学生生涯发展教育系列读本，主要有《学生生涯规划课程》《学生生涯教师培训课程》《学生生涯家长指导课程》。系列读本是生涯课程的重要支持与补充，帮助学生自主进行生涯管理，提升教师的生涯指导能力，培养家长的生涯规划意识。

1.《学生生涯规划课程》

立足服务学生的自我成长和人生发展，以"自主+选择"为核心价值，通过生涯专题课程，促进学生形成自我认识、自我认同，对自我发展产生正确评价，激发自主学习的意识和动力，培养学生自我调控、自我选择、沟通合作、适应环境的能力，从而获得学业成就和自我发展。由此可见，生涯辅导的目的不仅是帮学生选择大学、专业和职业，还包括教学生学会选择，学会对信息进行分析、对自身进行评估，从而做出适当的匹配。更重要的目的是激发学生的内动力，不仅是现阶段学习的内动力，更重要的是持续成长发展与追求自身价值的内动力。

2.《学生生涯教师培训课程》

学生生涯规划不仅可以为学生选择学科、选择专业、规划职业、填报高考志愿提供指导帮助，亦是引领学生人生发展、实现目标追求的综合教育，全校教师都要为学生的人生发展提供指导和帮助。学生生涯规划是一项融入各种元素的复杂工程，无论是学校学生生涯辅导工作的策划和落实，还是个别学生生涯规划的指导与辅导，都需要教师具备相应的理论素养和辅导方法。

3.《学生生涯家长指导课程》

向家长宣传生涯规划的理念与做法，引导家长关注孩子的生涯发展，以适合孩子的兴趣与能力为主要考虑因素，改变责怪与强势加压的沟通方式。指导父母通过习得方法，引导学生合理选择学科，确立适宜目标；协助孩子进行职业的访谈与体验、大学与专业的考察、人才招聘市场的考察体验等实践活动，帮助孩子进行探索和抉择。为孩子提供高考的政策信息以及大学专业的有关信息，转变家长观念，为孩子提供精神、资源与信息上的支持，从传统经验、功利化判断、主观决定转到客观、尊重孩子与合理指导，帮助孩子做好高中三年的生涯规划，使孩子逐渐提高个人综合素质，促进自身发展。

（五）生涯讲座

开展生涯教育的主要方式就是开展生涯讲座。

第一，开展面向学生的生涯发展规划教育讲座，能够让学生变被动发展为主动寻求发展，开展自我评价，进行自我调整，提升学生个人学习能力，提高职业素养和实践能力，最终确定个人发展目标，做好学业与职业的顺利衔接，实现全面而有个性地发展。

第二，开展面向全体教师的生涯发展规划辅导讲座，提升教师生涯教育理论素养与生涯辅导专业技能，建立生涯辅导教师的培训、考核机制，为学生提供个性化的成长过程指导和生涯辅导。

第三，开展面向家长的生涯发展规划指导讲座，向家长宣传生涯教育的理念与做法，引导家长尊重学生的个性特长、成长规律和发展需求，家校联动开展生涯指导，发挥生涯教育的家校合力，助力学生成人成才。

四、生涯规划教育的预期成效

用"课程+平台+科技"的模式系统化地推进仁化中学学生生涯规划工作，在学校层面、教师层面、学生层面、家长层面取得了成效。

（一）学校层面

为学校制定精确、科学的决策提供数据支撑，帮助学校实现学生的生涯智慧管理，回归育人本质。使学校在进行教育决策、研究教育内容、改善教学方法以及反馈教育评价等方面，依托大数据和云计算的巨大优势，开启智能化模式，走向更加科学的发展方向，给教育内容、方法、模式、管理体制等都带来了巨大变化。

（二）教师层面

提升教师对学生进行适应辅导、学业规划指导、时间管理指导、情绪管理辅导以及考试辅导的技能与能力，使教师通过系统的信息反馈清晰地了解和评估学生的能力状况，科学客观地认识与评价学生，调整教学方法与教学评价方式，指导学生及时调整学习状态、目标与行为，提升学生学习的获得感和成就感，增强学生的学习自信，为他们的生涯规划发展提供个性化服务。

（三）学生层面

促进学生自我认识、自我发展，激发学生自主学习的积极性，培养学生自我调控、自我选择、沟通合作、适应环境的能力，促进学生自我同一性的实现，增加学生在学校生活的获得感，为学生的高效学习、自我发展和人生规划提供服务与支撑，使学生获得学业成就和自我发展。

（四）家长层面

帮助家长运用系统了解学生的个性特征、兴趣能力、学习发展情况，学习把握亲子沟通技巧，指导家长有效地协助孩子进行学习衔接及心理适应，引导家长以孩子的兴趣与能力为主要考虑因素，再参考家庭的期望、社会环境的变化等因素，从而做出最适合孩子的决定，同时与孩子共同规划他们的生涯发展。

五、总结

《仁化中学学生生涯规划教育建设方案》以学生的生涯规划为目标，以"自主+选择"为核心价值理念，以"平台+课程+科技"为主要实施方式，辅以生涯体验课程、生涯教师培训、生涯讲座等相关措施，为学生选科、志愿填报和综合素质评价提供精准、全面的一体化服务平台，帮助学生更好地了解自己的兴趣爱好与未来的职业方向，清晰自己的生涯规划，对自己的人生方向有更好的定位。相信在未来，在仁化中学职业规划与生涯教育的引领下，每一个学生都能形成健康的世界观、人生观、价值观，都能拥抱更美好的未来！

参考文献

［1］惠兵，陈明.教育，应始终为孩子的终身发展与幸福着想［J］.读与写（教育教学刊），2013（12）：193.

［2］曹凤莲，桑生华，邹歆. "自主+选择，课程+平台"：学生生涯辅导实践与思考［J］.中小学心理健康教育，2017（24）：34-39.

［3］陈乐.大学生自我管理对学业成就影响的调查研究——基于四所"985工程"大学的数据［J］.山东高等教育，2016（2）：59-74.

［4］刘亚华.记住"孩子"的身份［J］.中小学心理健康教育，2017（24）：39.

新课改背景下计算思维在信息技术教学中的应用实践与研究

广东省韶关市曲江区曲江中学 龚学权

国务院《关于新时代推进普通高中育人方式改革的指导意见》明确提到："2022年前全面实施新课程、使用新教材，有序实施选课走班，建立学生发展指导制度。"在新课程改革不断推进的宏观背景下，高中信息技术课程的主要目标旨在全面提升全体高中学生的信息素养，帮助学生掌握信息技术基础知识与技能、增强信息意识、发展计算思维、提高数字化学习与创新能力、树立正确的信息社会价值观和责任感。而计算思维是信息技术学科核心素养系统的核心及关键要素，影响着其他要素发展的质量高低，在一定程度上决定了学科核心素养的优劣。

一、信息技术教学的现状

1. 传统灌输式的教育阻碍了学生的长远发展

在传统的教学模式下，教师把信息技术学科当作一般学科去教，在有限的课堂时间上采用教师讲、学生听的传统灌输方式，注重知识却忽视了技能，教学中没有充分发挥学生的主体作用，教师在教授信息技术理论的时候，学生兴趣不大。而高中学生的计算机知识水平良莠不齐，教师只重视学科知识的传授，而忽视了学生学习能力的培养，导致学生的思维方式僵化、固化，缺乏发现问题、分析问题和解决问题的思维能力，绝大多数学生只停留于浅表层面的学习，而缺乏创新思维，无法应对层出不穷的复杂局面，不能解决所面临的新

41

问题、新变化，久而久之，渐渐丧失了学科探究的积极性，阻碍了学生的长远发展。

2. 信息技术学科得不到重视

高中阶段的学生面临着巨大的高考压力，导致无论是学校还是学生，一直都以高考科目为教学中心，而忽视了对信息技术学科这些非高考科目的学习。加上仅有两年的信息技术教学时间，时间短、任务重，学校对课程教学的不重视往往会导致课程安排时间偏少，让学生自然而然地轻视这一课程。缺乏足够的信息技术课程的学习，学生基本的信息素养就很难得到提高，更不用说培养学生的计算思维了。

3. 信息技术实训设备不足

当今社会，科学技术日新月异，计算机设备更新换代的速度也非常快，可学校机房计算机设备老化严重，计算机速度偏慢，甚至有部分计算机不能正常使用。在很多学校投入不足的情况下，学生没有机会真正到机房进行实践学习，学生的信息技术教学往往是走过场，而不能真正落到实处。

4. 信息技术师资不足

随着"互联网+"浪潮的到来，信息技术发展一日千里，而很多信息技术任课教师的知识和技术水平却没有跟上信息技术的发展，年龄较大的教师跟不上学科发展的脚步，教授的知识和技术不能满足信息技术更新的需要，甚至有部分信息技术课程教师还要兼任学校各种数据统计输入、学校网络平台维护等与本学科教学无关的工作任务，所有这些都加剧了学科师资力量的不足。

二、计算思维在信息技术教学中的应用实践

1. 计算思维在"图形图像的概述"教学中的应用

课堂教学是培养学生计算思维的主战场，例如，在进行"图形图像的概述"教学时，笔者先播放《校运动会集锦》视频导入新课，视频中熟悉亲切、妙趣横生的缤纷图像能很快吸引学生的注意力，激发学生的学习欲望。在新课教学环节，学生通过教师课前准备的材料发现问题，探索有关图像的规律性知识，最后解决问题。在问题探究的过程中，学生形象又具体地理解了图像的基本概念和基本原理，学会了图像处理的操作技能，培养了相关能力，对所要解决的实际问题进行分析，运用课堂上所学的图像知识进行表述，运用所学的图

像处理技能进行解决。整个学习过程既是学生思维发展的过程，也是学生计算思维形成的过程。

2. 计算思维在"逐帧动画"教学中的应用

在讲授"逐帧动画"这节课时，笔者充分发挥信息技术的优势，利用多媒体演示来创设情境。先把Flash动画的原理讲解给学生：它的原理是将一个动画的连续动作分解成一张张的图片，把每一张图片用关键帧描绘出来，Flash将这些关键帧连续播放，形成动画效果。为使学生对逐帧动画中的帧了解得更透彻，本节课的教学是在对什么是关键帧、普通帧、空白帧、空白关键帧及如何插入关键帧有一定体验的基础上展开的。通过学习，学生不仅要掌握上机操作和创意设计的技巧，体验制作动画的乐趣，还要比较和理解关键帧、普通帧、空白帧、空白关键帧的异同，在培养思考和创新设计能力的同时，也强化了学生的计算思维。

三、在信息技术教学中发展学生计算思维的建议

1. 激发学生的学习兴趣

在长期的教学实践中，笔者认为，培养和提高学生的学习兴趣对计算思维的形成至关重要，教师在课前应充分钻研教材，在认真备课的基础上，要预设教学环节中的趣味性，在教学过程中大力渲染信息技术课堂气氛，引发学生的求知欲；在教学思想上要注重"以人为本"，发挥学生的主体作用；所谓"亲其师，信其道"，在日常教学和生活中要建立新型师生关系，重视师生情感交流；课后要创造条件开展内容广泛、形式多样的信息技术课外活动等。兴趣是激发学生深入思考、动手实践的动力，而图像、音频、视频是最容易抓住学生注意力的媒介，教师要巧用信息技术工具，构建能激发学生兴趣的情境，提出问题，并以问题为中心，让学生形成解决问题的意识，再通过获取新知识来解决当前的问题，使他们对信息技术乐学、善学、会学，并且乐此不疲。课堂教学多采用灵活多样的教学方法，让学生把兴趣转化为参与实践的动力，而兴趣的激发和保持为学生形成计算思维奠定了良好的基础。

2. 加强思维训练，培养学生的创新能力和知识应用能力

计算思维既是一种思维方法，也是一种分析问题和解决问题的能力。教学中应该以计算思维为切入点，注重培养学生的计算思维能力，让学生更好地分

析和解决问题，提升信息技术应用技能。在教学中，我们积极探索一些新型教学模式，采用启发式、探索式、研究式等教学方法，尽可能为学生提供积极主动发展的空间，培养学生运用信息技术进行学习和工作的能力、可持续发展的能力，为终身学习打好基础。培养创新思维要从培养质疑意识开始，教师应重视学生质疑能力的培养，注重激发学生求异思维的兴趣，引导他们从多角度思考问题，逐步养成质疑问难的习惯，更进一步激发学生的创新意识。同时教师也要及时对学生进行正确的引导和启发，善于让学生找到知识的异同点，让学生在牢固掌握基本知识结构体系的基础上，认真体会到知识的可拓展性和外延性，用一种共同的原理解决各种不同表象中的实际问题。

3. 提高思想认识，凸显信息技术学科的作用

在学校层面，要站在新课程改革的高度，从全面提高学生的素质教育以及提高学生终身学习能力的角度出发，在设置课程和充实师资力量方面给予足够的倾斜；在学生层面，要转变学生的学科认识，不要将信息技术课和传统的美术课、音乐课等相提并论，认为上信息课就是玩玩电脑、看看新闻、聊聊天、打打游戏。教师必须明确告诉学生，信息技术课除了认真上机操作，还要掌握必要的比较枯燥的理论知识。只有教师从思想上认识到信息技术学科的重要性，才能保证足够的教学时间及合理的教学安排，努力提高教学效果。另外，作为信息技术学科的教师，也要从教学上着力提高学生对培养计算思维重要性与必要性的认识，不能一直强调计算机基础知识的学习，而是要从思想上、学习习惯上及学习内容上促进学生的改变。而具备计算思维的学生在信息活动中能够采用计算机可以处理的方式界定问题、抽象特征、建立结构模型、合理组织数据；通过判断、分析与综合各种信息资源，运用合理的算法形成解决问题的方案；总结利用计算机解决问题的过程与方法，并迁移到与之相关的其他问题的解决中。

4. 创新教学方法，把握课堂教学活动

如今，互联网正在深深地影响和改变着人们的工作、生活及学习方式，"互联网+"时代也呼唤教育必须进行教学改革，要培养出会分析问题、探究问题，形成多元理解能力的合格的新时代中国特色社会主义建设人才。信息技术课是一门操作性很强的学科，而学生的水平参差不齐，有些学生接受能力强，一点就通，但大部分学生基础较弱，学习有困难。在教学过程中，笔者采取了小组协作学习的方式，将层次各异的学生搭配编组，指定基础较好的学生做小组长。在上课时，让小组长负责检查、指导组员的学习，小组长摇身一变成为"小老师"。当需要完成综合性较强的学习任务时，不但鼓励同组同学互相帮助，而且组与组之间也要进行资源共享。教师在教学中必须采用有效的方法培养学生的计算思维，真正帮助学生更好地适应瞬息万变的互联网世界。

5. 关注教学内容与学生日常生活和学习的联系，提高知识应用技能

要实现培养学生计算思维的目标，必须将信息技术课程教学中的知识内化为学生处理事情的能力，尤其要注意与生活实际紧密联系起来。信息技术课程中的很多知识都能够很好地应用到学习生活中去。我们在开展教学时，应拓展教学内容和教学资源，将教学内容与学生的学习生活紧密联系起来。在教学过程中穿插一些以培养计算思维为目的的活动和游戏，让学生在活动和游戏中体验到学习的乐趣，培养学生有效利用所学的信息技术知识解决实际问题的计算思维，促进学生创新技能和实践能力的不断提升。

综上所述，随着社会信息化程度的不断提高，计算思维将渗透到各种应用信息技术的问题解决中，培养学生的计算思维对促进信息社会的发展将产生非常深远的影响。面对目前不利的教学环境和背景，作为信息技术学科的教师，要紧跟时代的步伐，重视在高中信息技术课堂教学中有效地培养学生的计算思维能力，我们信息技术教师要不断研究有效对策并努力付诸教学实践过程，为国家培养综合型人才贡献力量。

参考文献

[1] 刘金霞，张志强. 基于信息技术教学中学生计算思维的培养方法探究 [J]. 新课程，2018（6）.

[2] 中华人民共和国教育部. 普通高中信息技术课程标准（2017年版）[S]. 北京：人民教育出版社，2017.

[3] 李顶锐. 浅谈高中信息技术教学中计算思维的培养 [J]. 教育研究与实践，2017（10）.

基于核心素养的高中信息技术教学策略的研究

广东省韶关市田家炳中学　黄晶晶

近年来，世界各国都在关注学生核心素养的培养研究。素养是人们通过后天的学习，形成具备一定知识、能力和态度的过程与结果。它不等同于知识、能力和态度，而是知识、能力和态度的综合化形态。核心素养是人处于社会中的重要能力，是能够在复杂的环境中完成活动与任务，健全成功生活与促进社会发展的能力。核心素养教育强调育人教育，强调学生获取知识的能力，而不是知识和技能的简单传授。从长远看，核心素养的教育模式将逐步取代知识传授的教育体系，成为未来基础教育改革发展的战略目标。在高中信息技术教学中，要寻求培养学生核心素养的有效策略，以便使学生更好地适应社会对人才的需要。

经济合作与发展组织（简称"经合组织"）从1997年开始进行"素养的界定与遴选"的专题研究。2005年发布了《核心素养的界定与遴选：行动纲要》（以下简称《纲要》），《纲要》认为：核心素养是一个动态发展的，整合了知识、技能、情感态度与价值观的集合体概念。欧盟认为：它以"终身学习"为基本价值取向，要求人们能够在生命的过程中处理和应对一切变化的挑战。欧盟提出的核心素养包括母语、外语、数学与科学技术素养、信息素养、学习能力、公民与社会素养、创业精神以及艺术素养八大领域。2013年，联合国教科文组织基于人本主义的思想提出核心素养的概念，从"工具性目标"转变为"人本性目标"，使人的感情、智力、身体、心理诸方面的潜能和素质都能通过学习得以发展。2002年，美国制定了《"21世纪素养"框架》，并于2007年更新版本，以核心素养学科为载体，确立了三项技能领域，其中包括信息、媒体与技术技能，学习与创新技能，生活与职业技能。

为了应对未来教育的挑战，提升人才的综合竞争力，我国开始了核心素养的研究和构建。2014年4月，教育部颁布《关于全面深化课程改革 落实立德树人根本任务的意见》。该文件深入回答了"培养什么人、如何培养人"的问题，提出将"学生发展核心素养体系"的研制与构建作为着实推进课程改革深化发展的关键环节，明确学生应具备能够适应终身发展和社会发展需要的必备品格与关键能力，以此来推动教育发展。核心素养的提出是我国教育变革时期对人才质量标准的重新定位，也是教育发展赋予改革的重要使命。

2003年，《普通高中信息技术课程标准（实验）》颁布，确立了信息技术课程在高中阶段作为独立课程的地位，普通高中信息技术课程步入了规范化、课程化的时代，经过十几年的试行，这一标准在培养学生信息素养方面发挥了重要作用。高中信息技术课程以提升学生的素养为根本目的，最大特点是集知识性和技能性于一体。还有一个特点就是信息技术发展迅猛，内容更新换代太快，在课堂上永远有教不完的知识。我们的重要任务是培养学生获取学习信息技术的方法，培养学生终身学习的能力，促进学生全面与可持续发展。国家"十二五"规划对教育事业发展提出明确要求，高中信息技术教学在当下的教育中占据重要位置。

一、高中信息技术核心素养的内涵及其重要意义

2016年9月，《中国学生发展核心素养》发布，核心素养以培养"全面发展的人"为核心，分为文化基础、自主发展、社会参与三个方面，综合表现为人文底蕴、科学精神、学会学习、健康生活、责任担当、实践创新六大素养，具体细化为国家认同等十八个基本要点。

高中信息技术核心素养包括信息意识、计算思维、数字化学习与创新和信息社会责任。四者相互联系，不可或缺。信息意识是信息能力的前提与基础，并贯穿信息能力的全过程；而计算思维、数字化学习与创新构成信息技术核心素养的核心内容；信息社会责任为信息行为提供规范的保障，促进信息社会和谐发展。这四方面内容相辅相成、互相促进。由此可见，培养学生的信息技术核心素养具有重要意义：一是良好的信息技术核心素养能让学生较好地适应信息社会发展的需要；二是能让学生获得终身学习的法宝；三是作为评价人才综

合素质的重要内容，也是实施素质教育的重要内容；四是信息技术核心素养是科学素养的重要基础。在信息技术教学中应注重培养学生的信息技术核心素养。

二、高中信息技术核心素养的培养策略

在接触了信息技术核心素养后，我在教学过程中大胆尝试以培养学生的核心素养为目标，把培养学生的计算思维、数字化学习与创新能力作为教学的核心内容。为此，我在教学中采取了以下一系列策略。

1. 以解决实际问题为教学主线，整体设计教学

学生信息技术核心素养的高低主要表现在利用信息技术解决现实问题的能力强弱上。教师在进行信息技术教学时，应注重培养学生在解决实际问题中的信息意识。以解决实际问题为教学主线，运用情境任务驱动教学法设计教学，是培养学生信息意识的重要方法和有效途径。通过精心创设符合学生熟悉的、贴近学生生活的教学情境，充分挖掘信息技术在生活实际中的应用，将教学内容巧妙地设计在一个个真实的实际问题中。倘若每次课学生都经历利用所学信息技术知识与技能解决实际问题的过程，那么他们的信息意识会逐渐增强，信息技术的运用能力会逐步提升。

比如，在教学"文字处理软件的文本处理"这部分内容时，我先给出一些不同风格的电子文档，让学生利用Word或其他文字处理软件对文档进行指定格式的编辑排版，最后达到指定的任务要求。通过引导学生对文档进行版面设计、文档布局、修饰等，让学生掌握文档编辑排版的知识和技能，这样就能让学生体验解决实际问题的过程，掌握运用信息技术有效解决实际问题的方法，培养学生的信息意识与创造力。

2. 以自主创作为课堂核心任务，为学生未来生涯搭桥铺路

培养学生核心素养的第二条途径是在解决实际问题的过程中，以"学生应用所学内容进行自主创作"作为每节课的核心任务，给予学生独立思考又互相合作、充分创意的空间。

在具体操作时，教师在课堂上通过范例重点讲方法、讲原理，学生在实践时，首先需要去发现、去思考所学内容能够应用到什么地方，可以用来解决身边的什么问题，并构思作业内容，确定目标，然后运用所学去实现既定目标。作业不给统一样式，没有模仿的样例，只有具体要求。每个学生的作业内容都

需要自己去创意，像作文一样，各不相同。

例如，在教授"用校园素材制作电子相册"一课时，我事先让学生分组，围绕大主题确定了小组主题，撰写了小组主要内容及计划，并根据计划采集素材。在课上，我通过范例讲解了图像处理工具Photoshop和视频处理软件绘声绘影的基本用法及原理。为完成这个实践内容，学生首先要围绕小组主题，思考自己要用本节课所学内容为最终完成小组的作品做些什么，并进行自主创意；其次要思考自己的想法是否可行，是否符合小组主题，是否能够应用当堂所学内容；最后要利用所学知识与技能实施自己的创意，完成作品。这样可以让学生把学到的Photoshop和绘声绘影知识技能结合起来处理实际问题，提升信息技术核心素养。在教学中，教师还应培养学生的信息技术计算思维和对技术知识的领悟能力，这样就能让学生掌握信息技术，学习内在的方法与逻辑，使学生具备知识迁移能力，做到举一反三。再如，在讲解"程序设计中算法部分的循环语句"时，可以让学生结合数学学科探究数组求和问题，这样一来，学生就能把上课所学知识真正运用起来，提高学生的知识迁移能力。

这样的课堂强调的是发现并解决能够应用信息技术解决的问题，挑战的是学生的想象力、创造力和信息意识，锤炼的是学生的计算思维、数字化学习与创新能力，丰富的是学生利用信息技术解决实际问题的经历。长期经历这样的课堂，学生的信息意识和计算思维、数字化学习与创新能力自然会得到大幅度提高，更重要的是能帮助学生提高交流、合作、共事的心理品质，为学生未来生涯搭桥铺路。

3. 根据学科特点开展课外实践活动，激活学生的生命灵性

要培养学生的信息技术核心素养，还应在课外开展丰富多彩的实践活动，让学生加深理解和熟练运用所学知识，提高学生的数字化学习与创新能力。一是通过课外实践活动可以增强学生的学习兴趣。学生有了浓厚的兴趣，就有了学习信息技术知识的动力，就能发挥学习的主动性，从而提高学习效率，提升数字化学习能力。二是拓展信息技术的应用能力。在教学中，我会引导学生参加全国中小学电脑制作活动和青少年科技创新大赛，用Photoshop制作精彩的各种海报，用Dreamweaver创作各类主题网站，用VB程序语言制作"打地鼠"小游戏，每年都有学生在各级各类比赛中获奖，成果显著。通过课外实践，学生能了解掌握更多信息知识，让所学知识得到延伸，真正用到实处，这样便提高了学生的思维能力、动手实践能力、解决问题的能力，激活了学生的生命灵性，从而提高学生的综合能力和创新能力。

4. 注重知识与技能的学习，让学生体验学科的魅力和价值

培养学生核心素养的第四条途径是向学生充分展示学科的魅力，让学生感受到学科的价值，从而激发学生对信息及信息技术的兴趣和学习热情，提升核心素养。

信息技术学科的魅力是人类在该学科的智慧结晶，是科学家发现的信息科学原理，是科技人才发明的各种信息技术，是应用信息技术及工具解决问题过程中的再创造。教师在教学中要注重知识与技能的传授，用通俗易懂的语言讲述学科的科学原理。如声音压缩中的遮蔽原理、关系数据库数据组织原理等。用生动形象的方式呈现学科的精华技术。如使用动画呈现因特网的核心协议（技术）TCP/IP、音频压缩中的差分编码技术、图像数字化的存储技术等。用敢于开拓的精神带领学生应用信息技术及其工具去再创造，体验学科的价值。当学生真正感受到学科的价值时，会发自内心地去爱这门学科，会对这门学科投入更多的精力。

5. 关注信息活动的每个细节，规范并提升学生的信息社会责任

培养学生的信息道德不在教师的说教中，也不在危言耸听的案例里，而是要关注学生信息活动的每个细节，要让学生在信息活动中自然而然地感受到信息社会责任。对学生可能碰到的信息社会责任问题给予正确引导，这就需要教师在设计教学情境及作业内容时精心策划。如在作业"撰写自助游计划"中，学生会碰到网上下载信息的版权问题；在图形图像处理作业"我的校园我的同学"中，要解决同学肖像使用权问题以及恶搞同学肖像引发的纠纷问题；在"算法与程序设计"作业中，学生会碰到使用自编程序攻击他人系统等信息社会责任问题。这时，我都会给予正确引导，以培养学生信息社会责任感。

总之，信息技术是现代社会每个人必备的核心素养，信息技术教学重点应提高学生的信息技术核心素养。基于核心素养的教学策略，需要我们更多地思考如何让知识成为素养，让知识变成智慧，只有能成为素养或智慧的知识才有力量。我们必须认真地研究与挖掘信息技术的每一个知识点、能力点、价值观点所承载的学科核心素养，运用多种方法手段使学生将来更好地适应社会发展的要求。

参考文献

［1］宫振胜.谈核心素养最应该聚焦的是思维素养［J］.辽宁教育，2016（6）.

［2］成尚荣.基础性：学生核心素养之"核心"［J］.人民教育，2015（7）.

［3］汪瑞林.从主题教学走向核心素养培育［N］.中国教育报，2015-05-28.

［4］钟启泉.基于核心素养的课程发展：挑战与课题［J］.全球教育展望，2016（1）.

［5］裴新宁，刘新阳.为21世纪重建教育——欧盟"核心素养"框架的确立［J］.全球教育展望，2013（12）.

基于支架式教学的网页创作辅导策略的研究

广东省韶关市田家炳中学　黄晶晶

全国中小学电脑制作活动以"实践、探索与创新"为活动主题，旨在鼓励广大中小学生结合学习与实践活动及生活实际，积极探索，勇于创新，运用信息技术手段设计、创作电脑作品，从而培养发现问题、分析问题和解决问题的能力。这一类活动为学思结合、知行统一、因材施教和全面实施素质教育提供了一个实实在在的抓手，有力地促进了学生信息素养与综合能力的提升。支架式教学是根据建构主义学习理论开发出的教学策略，其核心理念是利用学习支架为学生提供必要的、有用的帮助。在活动中欲充分体现"实践、探索与创新"的活动主题，教师可借助该教学策略为学生的学习提供各种类型的支架。

一、支架式教学内涵

1. 支架式教学的定义

"支架"是建筑业的术语，原指建筑工人借助支架的支撑作用搭建楼房。待楼房建好后，要将支架拆除。根据"支架"的原意不难理解，支架式教学就是在学习之初，学生通过教师的指引和帮助，获得必要的知识储备和技能，一段时间过后，减少甚至撤去教师的帮助，能够进行自主的学习，掌握独立学习的技能。支架式教学是为促进学生对知识的意义建构而进行的。它把学生的学看作积极建构自身的过程，而教师的教则是为学生搭建"脚手架"，能支持学生不断建构自己的知识体系，不断形成新的能力，使学生的智力提升到更高水平，真正使教学走在发展的前面。根据欧共体"远距离教育与训练项目"将"支架式教学"定义为：为学习者建构对知识的理解提供一种概念框架。这种框架中的概念是为发展学习者对问题的进一步理解所需要的，为此，事先要把复杂的学习任务加以分解，以便于把学习者的理解逐步引向深入。

2. 支架式教学内涵体系

近年来，经过研究，业内认可的支架式教学流程为：搭建支架、创设情境、独立探索、写作学习、效果评价。在进行支架式教学时应该遵循的原则为：适时性、动态性、个性化、引导性、多元性、渐退性。具体到学习支架的类型，研究者也给予了较为科学清晰的描述：范例、问题、建议、向导、图表等形式。

二、支架式教学在网页创作辅导中的策略

在接触了支架式教学理念后，我大胆尝试在辅导学生进行电脑网页创作的过程中，在不同学习阶段为学生安排不同的支撑条件，从而形成系统、全面的学习支架，引导和帮助学生完成学习任务，实现意义的建构。为此，我在教学中采取了一系列策略：该学习支架由一系列子支架组成，包括作品赏析、关键主题讨论、主题探索、技术指导、完整的活动档案记录、作品成果展示交流等。

1. 以作品赏析支架激发创作思想

教师在教学过程中可以通过向学生展示优秀的网站吸引学生的注意力，引导学生进入网站制作的情境中。

在电脑作品创作的初始阶段，我通过搭建赏析优秀电脑网页作品的支架，激发学生的创作灵感。根据活动的需要，首先将一些全国性优秀网页获奖作品按创作主题进行分类，以供学生欣赏。这些精彩的作品为学生提供了将探索、生活、艺术和技术联系起来的思路，让学生眼前一亮。

例如，在欣赏《时尚90后》作品的过程中，我通过支架引导学生思考作品的特点。在精神上，体现学生追求时尚、乐于动脑的向上心态；在内容上，以展示学生理解时尚的创新点子、创新实践作品为主，针对性强，原创性高；在艺术设计上，作品不仅画面设计精美，还对素材进行了精心的艺术处理，增强了感染力；在栏目构思上，新颖独特。

这些高起点的创意电脑作品开阔了学生的视野，教师与学生一起欣赏、分析作品的创意，分享对作品的感受和想法等，引导学生关注和发现这些优秀网页作品不拘一格的创作思路与创作方法，激发学生创作的欲望和灵感。这为

学生创作经验的建构搭建了支架，也为他们即将开始的创作提供了思路上的借鉴。作品赏析支架的运用能引发学生的兴趣，引导学生的思考角度，有助于教师把握学生的思考走向。

2. 以关键主题讨论支架明确创新主题

教师要帮助学生设立网站制作的目标，通过给每个小组分配任务来引导学生探索，充分激发学生的学习兴趣，培养学生学习的主动性。

在欣赏了优秀的电脑网页作品后，学生产生了创作的欲望，教师适时提出电脑创作的任务。学生以小组为单位讨论构思新的主题。我会抛出如"这些优秀电脑网页作品的选题来自哪里""这些作品从哪些角度切入展开了探索，解决了什么问题"等问题，通过系列引导，让学生逐渐获得构思自己作品的方向和框架，也为顺利讲解下面的内容做了铺垫，同时也是为了引起学生的注意，诱发学生思考。采用这种教学方式，有利于培养学生自我探索的精神和主动分析问题的能力，激励学生寻找解决问题的思路。此时，我还会分别引导各小组确定电脑作品的创作主题，组织各小组就各自选择的主题展开讨论，帮助学生分解任务，使学生下一步的探索任务得以明确，最终完成了一个与技术相整合的探索作品。在这一环节中，教师搭建关键主题的讨论支架，以形成明确的创作主题。在本活动中，合作较为关键。什么是"小组合作"，什么是"与技术整合"，对这些关键问题的理解是学生进行作品创作的起点，也是他们在项目创作过程中需要把握和加深体验的。

3. 以主题探索支架深入开展科学探究

教师在分配好任务后，要给予学生一定的时间和空间进行网站制作。在这个过程中，教师可以给予学生适当的指导。通过这种方法培养学生独立思考问题、解决实际问题的能力。

学生围绕主题开展科学探索是电脑创作活动的最大亮点。在这一探索过程中，学生以小组为单位整理加工活动素材，教师以引导者、指导者和旁观者的角色对学生施以指导。在探索学习过程中，学生的学习和发展依赖教师的支持，也依赖同伴间的互相帮助和影响。小组成员共同协商、协作、分享，正是形成学习共同体、展开有效交流和社会互动、提供问题解决交互支架的有力策略。在活动中，学生可以充分结合社会、生活、科学知识，或纪实，或思索，或动手探究，或形成结论，所有这些都体现着自然的气息，为学生走进社会、亲近生活提供了多种可能。

例如，我校获全国一等奖作品《快板馨声》是个富有民族传统气息的介绍快板的网站。我十分赞许学生选择的这个主题，于是首先让学生查阅资料，收集宣传内容，同时查阅类似的网站，在借鉴他人经验的基础上，显示出我们网站的特色，培养学生的创新能力。其次是列出网站提纲，对于提纲中的内容，我们有自己的想法，但希望得到更专业的指导，于是我想到请韶关艺术团工作人员为学生制作网站提出更多的建议。我把这项工作交给了学生，以期培养学生主动与外界接触的能力。当学生通过在韶关艺术团官方网站上留言的方式与工作人员取得联系之后，我们采访了艺术团的团长，采纳了他们的宝贵意见。随着探究活动的一步步深入，学生对于一些专业性问题有了更多的思考，也产生了很多疑惑，于是我们联系广东省艺术团专家寻求帮助，专家在向我们介绍了一些专业知识后，提出了一个想法：既然是中学生，那么能不能把网站制作得更加富有趣味性？于是，我们加入了"快板之最"这个内容，介绍了世界上最大和最小、最重和最轻的快板。不仅从书籍资料中查到了这些快板的来源、所在地方，还和学生一起去寻找这些快板。我们不仅是为了收集资料，更多的是让学生去体验和感受。在经过采访、调查、实地考察等多个环节后，我们收集到了大量信息，然后从中筛选、评估，对所拍摄的照片、视频、录音等素材进行整理，形成了快板网页。

4. 以技术指导支架开展电脑创作整合

从技术整合的角度来看，电脑网页体现了对多种电脑应用技术的综合运用，如版面设计艺术、网页制作技术、图片处理技术、视频处理技术、音频处理技术、动画设计技术……创新技术的整合是学生面临的一个新的技术问题。教师在关注和指导的过程中，或观察，或检查，或询问，或倾听，在学生遇到问题时给予指点和帮助。一是放手让学生自己尝试；二是提供有关技术解决方案，引导学生学习和运用；三是引导学生互帮互学，如当一位学生在使用Photoshop处理图片遇到困难时，教师提示："也许某某同学可以告诉你，他是怎样处理这些图片的，他甚至可以把几幅图片融合在一起。"无论是直接还是间接告知的方式，学生通过亲自操作，能够将有关信息技术从外在知识内化为自己能力结构的一部分，从而形成一定的技能技巧。从接受到操作再到内化，学生借助教师提供的支架，在这种师与生、生与生的相互交往和影响过程中，最终自主完成了自身知识经验和能力的构建。

5. 以完整的活动档案记录支架协助创作的过程

网页作品的创作过程体现了学生信息技术学习的全过程。在活动中，探究合作小组成员，对活动探索过程以文字、照片、录像、声音等多媒体形式进行记录，并对包括作品在内的多种文档使用方式和作用进行了探索。如通过记录学生创作过程以及他们在过程中的对话，帮助教师、学生和家长重温学生的学习与探索历程，发现他们互相交往和学习、影响的轨迹等。通过收集学生的作品、作品照片、关于作品的自述和相互评论，帮助教师分析和发现每名学生在表现技术、水平、风格等方面的特点，肯定学生在活动中取得的进步，思索每名学生可能需要的特殊帮助，寻找进一步提高的空间。同时也帮助家长进一步了解其子女的作品及其背后的想法和构建的意义世界，进而促成家长对活动的理解和支持。通过对教师教学过程的记录和分析，教师自我回顾和反思教学过程，发现存在的问题，寻找解决方案，促进自身专业成长。

6. 以作品成果展示交流支架帮助学生发展

当网站制作好之后，先让每个学生对自己的表现进行评分，然后小组其他成员对其进行评分。这样评价得出的结果更能反映学生的学习水平，也能够反映学生团队协作的能力。

为使活动更有效果，在学生的创作项目结束后，教师可以邀请学生家长以及与学生探究作品主题有关的社会公众一起参观，学生带着家长展示和欣赏各小组的作品，彼此分享对自己和他人作品的描述与评论，也了解到他人对自己作品的评论。教师通过适宜的开放性问题加以引导，如"你想对自己的作品说些什么吗？"鼓励学生向家长表达自己的想法。在这种开放式的小组分享中，不同能力水平与经验背景的小组成员互相欣赏和提供建议，在分享他人经验、想法以及共享集体成果的基础上，构建起对自己和他人作品的进一步理解，最终完成对一定创作经验、想法、做法的意义构建。

例如，我校获全国一等奖网页作品《小豆腐，大能量》是一个以"豆腐"为主题的网页，在完成作品后，我们邀请当地美食专家和异地著名豆腐坊主来到现场与学生一起交流点评，还拍摄了视频。在活动过程中，学生获得了一个参与和影响社会生活的机会，也从中体验到了被他人认可和赞誉的自豪感与成就感，增强了对自我价值和能力的肯定。

通过电脑网页创作活动，每个参与者都变成了受益者。在这种温暖、愉快的活动氛围中，在教师搭建的支架支撑下，学生作为被充分尊重和理解的发展主体，不仅自主建构着他们的信息技术创作经验和能力，还体验着与教师、同伴交往的快乐，获得了更多的自信和交往经验。

参考文献

［1］赵南，徐利新.对教师支架类型体系的理论探索［J］.学前教育研究，2005（7）：23-25.

［2］高芹.“支架式教学”的理论与实践探索［J］.中国电力教育，2010（4）：49-50.

［3］何克抗，郑永柏，谢幼如.教学系统设计［M］.北京：北京师范大学出版社，2002.

［4］闫寒冰.信息化教学的学习支架研究［J］.中国电化教育，2003（11）：18-21.

基于项目学习理念的高中信息技术
教学实践探索

广东省翁源县龙仙二中　廖新威

进入21世纪以来，信息技术的发展与变化给教育带来了深刻的变革，也对学生提出了新的要求，学生不仅要传承人类已有的文明成果，而且要不断提升解决实际问题的能力，加强思维上的变革。当我们深入到一线教学中就会发现，很多教师对项目学习的理解还停留在表层，将大量的时间与精力花在项目设定和项目产品上，而缺乏对项目学习深层次的思考。

一、高中信息技术教学发展现状

从高中信息技术教学发展现状来看，为了实现提升高中生信息技术能力的目标，学校以信息技术教材为基础开展了一系列信息技术课程教学，以教材上编排的系列信息技术知识为基础，将系列信息技能学习融入信息技术主题活动中。教师往往针对单个知识点展开教学，再以这一知识点为基础，引导高中生对系列信息技术进行综合运用，通过这种信息技术教学模式，带领高中生逐步掌握信息技术的新知识和新技能，这种依据教材逐步开展信息技术教学的授课模式在一定程度上提升了高中生的信息技术水平。

从项目式学习的角度考察当前高中生信息技术教学现状，就能发现当前高中信息技术教学存在着一系列问题，特别是项目式学习与信息技术教学融合不足。一方面，信息技术教师在对一系列信息技术知识点进行讲解的过程中，忽略了信息技术知识之间存在的联系性，学校为高中信息技术提供了一周一节课的授课时间，短暂的授课时常无法满足信息技术教师拓展信息技术知识的需求，经历一周的停顿，学生可能遗忘之前所学习的信息技术知识，无法把握信息技术知识点之间的关联；另一方面，在高中信息技术教师带领下开展的系列主题活动联系性不足，教师以信息技术教材为基础开展授课环节，高中生在课堂上提供的信息技术作品较为粗糙，无法将不同知识点进行关联，从而呈现出完整的作品，对于高中生信息技术学习状况的考核仅仅通过期末作品的制作来考查，这就要求高中生整合整个学期所学到的信息技术知识，此时，基础知识学得不够扎实的学生就可能面临较大的阻碍，这也表明高中内部开展的信息技术教学效果不明显。

二、基于项目学习理念的高中信息技术教学策略

1. 充分发挥教师的引导作用，加强师生互动

在互动式教学这一模式下，学生是课堂的主人，而教师则发挥着引导作用。在中小学教学中，几乎所有以学生为"主人公"的教学模式都不可避免地出现了以下这些问题：（1）学生的学习和探究效率受兴趣影响较大，如果没有兴趣，课堂效率会大幅度降低；（2）学生实践步骤不明确，时间控制能力差，经常因为做许多无用功而导致任务未能完成。这就需要教师在项目式教学中充分发挥自身的引导作用，加强师生互动。

例如，在教学"因特网上信息的浏览与获取"这一节时，教师就可以开展"去西藏旅游"这一项目。在项目开始前，教师可以用视频和图片等形式展现西藏的美景，充分激起学生对西藏的兴趣，让学生对未来去西藏旅游充满向往。而在项目进行中，教师也可以将整个大的任务分成各个不同的小项目，每次应该进入下一阶段的时候，教师就可以提醒学生，让学生不在一个阶段花费过长的时间。如在项目开展时间过半的时候，教师就可以提醒学生："去旅游需要钱，大家记得在制定旅游攻略的时候要把旅游的预算写上。"以此让还在查询更多旅游景点的学生将注意力转移到具体的旅游信息上来。这样，通过课前导入和项目中引导，有效地加强了师生互动，保障任务的顺利完成，促进了项目式教学的顺利开展。

2. 推行小组合作，提高学生之间的互动性

互动式教学是以学生为主的一种教学模式，与普通的探究式教学相比，互

动式教学具有一定的综合性，难度更高，对学生的学习能力和实践能力也提出了更高的要求，甚至可以说大多数项目是单个学生难以高效完成的。在这种情况下，教师就需要推行小组合作模式，促进小组分工，增强学生与学生之间的互动性，让学生取长补短，大幅度提高其探究和实践能力。

例如，教学"图像处理"这一节，在讲述完基本的加工原则和具体的软件用法后，教师以"中国传统节日"为题让学生制作一个PPT集锦。在这个项目中，教师可以将学生按照性格、学习水平和能力有机组合，分成合理的小组。而在项目完成的过程中，学生分工合作，有人负责文案的书写，有人负责网络相关资料的收集，有人负责图像的处理，每个人都做着自己最擅长的部分，最终完成一件优秀的作品。小组合作模式大幅度提高了学生与学生之间的互动性，有效增强了学生的实践能力，让其能完成更加出色的作品。

3. 重视项目内容的深度学习

现阶段，首先，高中信息技术学科在对学生进行学业评价时，普遍将学生对信息技术理论术语以及机械操作流程的记忆当作主要考核依据，导致学生在学习该课程时，一味追求机械技能的操练。其次，在整体教学体系中，并没有建立起完整的知识与能力的脉络联系，并未形成针对实际技能的批判性思考和综合应用。教师在制订教学计划时，要挣脱传统教育理念束缚，追求更加有深度的学习活动。深度学习目标强调的是分析和应用，学生要形成积极向上的学习态度，通过头脑风暴等多种方式发现、分析并解决问题，养成批判性思维，实现知识的迁移应用，这也是新课改实施后素质教育所倡导的内容。教师需根据有关项目设计步骤，引导学生进行更加深入的探索，经历并感受完整的项目实施过程，及时改进完善，最终完成作品。依托教师设计的富有深度的学习问题，学生的信息意识、创新思维、计算思维等能力都得到了培养和锻炼。

三、结语

将项目式学习引入信息技术教学，能够提高教学效果，有助于更好地提升学生的信息素养。信息技术教师应根据项目式教学的特点和教学内容，设计合适的项目类型，把握项目式学习有效实施的关键，将项目式教学方法成功地应用到信息技术课程的教学中。

参考文献

［1］王莎.浅析高中信息技术课堂教学项目法的运用［J］.中学课程辅导
（教学研究），2018，12（32）：136–137.

［2］王萍.项目式学习在高中信息技术教学中的应用［J］.科学咨询，2018
（45）：135.

核心素养下高中信息技术有效性教学实践研究

广东省韶关市南雄市第一中学　刘宏英

在核心素养下的高中信息技术教学中，教师要注重培养学生的信息技术学习能力和操作能力，充分利用信息技术教学资源及其优势设计教学内容，为学生提供开放性的学习环境，使他们通过主动探究掌握信息技术知识。在教学环节，教师还要注重培养学生操作信息技术的实践能力，让学生通过实际操作理解和掌握信息技术知识，促进他们信息技术核心素养的发展，实现高中信息技术的有效性教学。

一、开展微课教学，提高学习兴趣

在高中信息技术教学中，教师要改变传统的教学方式，运用信息技术设计微课，把教材中的知识点录制成微视频，让学生通过观看视频来学习信息技术知识。在设计信息技术微视频时，教师要结合教材内容，把重要的知识点录制成简短的视频，使学生在观看生动、形象的视频过程中对信息技术知识产生兴趣，通过主动探索，提高学习效率。在用微课开展信息技术教学的过程中，教师要及时收集学生的学习反馈信息，针对他们对信息技术知识理解的程度来选择重复播放的微课，让学生能针对不理解的知识进行强化学习，高效完成信息技术学习内容。例如，在教学"数据编码"时，教师可以利用信息技术向学生介绍编码的意义和作用，让学生在观看视频过程中对所学内容产生兴趣。在学习教材内容时，教师可以把认识二进制、了解文本的编码、二进制及与其他进制之间的转化等内容录制成视频，让学生在观看视频的过程中掌握所学的重点知识。结合微课完成学习内容后，教师还可以让学生练习把十进制转化成二进制，深入领会二进制技术的基本原理，让他们在掌握信息技术知识的同时，对接下来的学习内容产生浓厚的兴趣，推动教学的有效进行。

二、以学生为主体，培养自主学习能力

在高中信息技术教学中，教师在坚持教学改革的过程中要转变传统的师生关系和教学模式，开展以学生为主体的创新教学模式，让学生在学习活动中充分发挥自身的主动性。在学生学习的过程中，教师要对学生的学习方法进行指导，使他们能够在课前预习、课堂上深入学习，并在课后运用所学知识进行实践操作，使学生能充分理解学习内容，在有所收获的过程中，持续保持对信息技术知识学习的热情，顺利完成学习内容。在自主学习过程中，为了让学生能在深入思考中掌握信息技术知识，教师可以根据主要内容设计问题，利用问题来对学生的思维进行启发，使他们在自主学习过程中抓住重点内容进行探索，通过独立思考完成知识的学习，有效解决教师所提问题，从而提高他们的自主学习能力。例如，在教学"因特网上信息的浏览与获取"时，教师可以让学生进行教材内容的学习，并根据重要内容给他们设计问题：搜索引擎的类型都有哪些？常用的搜索引擎是什么？不同的搜索引擎的特点有什么区别？怎样提高搜索效率？在问题的引导下，学生进行了深入学习和思考，他们认识了不同的搜索引擎，掌握了搜索引擎的搜索技巧，通过分析比较得出了不同搜索引擎的特点，能够熟练运用各种搜索引擎在计算机网络上进行搜索，从而提高他们的搜索能力。

三、开展合作学习，系统掌握知识

将合作学习运用到高中信息技术教学中，使学生在自主学习的基础上进行更深入的交流讨论，有利于促进他们思维深刻性地发展，让他们的学习能力得到提高，对信息技术知识的掌握更深入。通过交流合作，学生能全面地掌握所学知识，促进他们信息技术知识系统的构建。在合作学习时，教师分组时要深入了解学生的学习能力和对信息技术知识的掌握程度，根据他们能力的不同进行分组，使每个小组在组内异质的状态下进行合作交流，讨论对信息技术知识的不同理解，探究在学习中遇到的问题。在积极发言和倾听过程中，学生的思维得到发散，他们能抓住在自主学习中没有注意到的地方进行深入学习，对知

识进行查漏补缺和强化学习，从而提高他们的学习效率，实现合作学习对每个小组成员的促进作用。例如，在教学"多途径下载文件"时，教师先让学生进行自主学习，初步了解下载文件的途径，然后组织学生进行合作学习，让学生在小组合作中进行深入学习。在合作过程中，小组中的每个学生把自己了解的下载文件的途径说出来，其他学生认真倾听。在相互交流过程中，小组成员对多途径下载文件的知识有了深入理解。在完成理论知识的学习后，教师可以让学生进行实际操作，设计合作操作活动：下载与端午节有关的诗词朗诵视频，以及下载端午节的相关图片和文字介绍。在下载过程中，小组成员进行了积极的交流和合作，他们从自己熟悉的网站上进行端午节相关内容的查找，顺利完成下载内容，掌握了运用网络合法获取下载信息的方法。

四、开展分层教学，提高学习自信心

在核心素养下的高中信息技术教学中，不再适合使用"一把抓"的统一性教学方式。在教学过程中，教师要关注学生学习上和能力上的差异，根据他们的信息技术基础进行分层，把学生分成优、良、差三个层次。对于信息技术综合能力优秀的学生，教师要重点培养他们的自主探究能力，给予他们足够的探索空间，让他们深入学习教材中的内容；对于信息技术综合能力良好的学生，教师要加强对他们的教育指导，培养他们的自主学习能力，让他们在课堂上的学习更高效，顺利完成学习内容；对于信息技术综合能力较差的学生，教师要让他们学习教材中的基础知识，并在课堂上鼓励他们大胆地把自己掌握的基础知识说出来；对于大胆发言的学生，教师要及时给予表扬，使学生在教师的激励下产生主动学习的动力，不断取得信息技术学习上的进步。在分层教学中，教师还要让每个层次的优秀者分享自己的优秀学习经验和方法，使学生在相互交流中优化自己的学习方法，在课堂学习中取得更好的效果。通过分层教学，学生在每次的信息技术课堂上都能最大化地发挥自己的能力，他们能够掌握更多的信息技术知识，提高学习自信心，提高自己的信息技术综合能力，积极投入课堂学习和上机实践中，实现核心素养下的高效教学。

五、结语

高中信息技术课堂进行高效教学可以创造出新的教育方法，以击破传统的低效教学方法，使学生独立探究，形成科学、高效、生动、活泼的高中信息技术课堂。高中信息技术课程应针对学生学习的真实情况，加入信息化技巧，这样将给学生的全面发展带来帮助，并在高中信息技术教学水平上得到提升，使教师轻松教学，学生轻松学习，促使高中信息技术教学在学生全面发展中发挥巨大作用。

参考文献

［1］许洁. 谈高中信息技术的游戏化教学［J］. 中国农村教育，2020（12）：56–57.

［2］邓小军. 提高高中信息技术教学有效性的策略研究［J］. 才智，2020（12）：33.

［3］郭丽. 漫谈高中信息技术教学中分层教学法的运用策略［J］. 文理导航，2016（11Z）.

学科核心素养在信息技术教学中的实践初探

广东省韶关市张九龄纪念中学 潘跃云

一、信息技术核心素养的内涵

《普通高中信息技术课程标准（2017年版）》指出："信息技术核心素养是信息技术学科育人价值的集中体现，是学生通过学习信息技术而逐渐形成的正确价值观念、必备品格和关键能力。"信息技术核心素养与本学科的基础性学习密切关联，要求教师从最基本的教学内容中，落实对学生的素质培育和人格培养。高中信息技术核心素养由信息意识、计算思维、数字化学习与创新、信息社会责任四个核心要素组成。

二、培养信息技术核心素养的重要意义

信息技术学科核心素养是学生在接受信息技术教育过程中逐步形成的信息技术基本知识、关键能力和方法、情感态度和价值观等方面的综合表现，培养学生的信息技术核心素养具有以下重要意义。

1. 有助于学生适应信息社会发展的需要

随着数字化工具的广泛普及和信息社会的快速发展，信息技术已经渗透并应用到人们的学习、工作、生活各个方面。通过信息技术课堂教学，有效落实学习内容，提高学生获取知识的能力，培育他们对信息发展与变化的敏锐意识和独特思维方式，以更从容的姿态投入社会、适应社会。

2. 有助于培养学生终身学习的能力

在信息技术课程的学习中培养学生的信息技术核心素养，能促使学生自主、高效地获取更多知识和技能，提高他们应用信息技术学科方法和技术工具创造性地解决问题的能力，为学生养成主动学习、终身学习的习惯打下基础。

3. 有助于提高学生的社会责任感

信息技术核心素养关注学生在文化修养、道德规范和行为自律等方面应尽的责任，帮助他们理解信息技术对人类社会的影响，养成自觉遵守信息社会法律法规和道德规范的习惯，成为具备较高信息素养的公民。

三、核心素养在高中信息技术课堂的实施策略

1. 以需促学，增强学生的信息意识

信息意识是人们产生信息需求，形成信息动机，进而自觉寻求信息、利用信息、形成信息兴趣的动力和源泉。新课标中指出信息技术教学要增强学生的信息意识，提升他们获取、判断和利用信息的能力，能够根据解决问题的需要，自觉、主动地寻求恰当的方式获取与处理信息，并能采用有效策略对信息来源做出合理判断。

在信息技术教学中，教师可以将教学内容与学生的生活实际需求结合起来，把抽象的、学生较难理解的知识点转变为生动的、学生较熟悉的、现实生活中的问题，尽量为学生创造将知识应用于生活实际的机会，引导学生主动用所学知识去解决生活中所遇到的实际问题。比如在学习选修3的"基于万维网平台的应用"一节时，笔者发现，在所任教的班级中，有超过一半的学生有网上购物的经历，近七成的学生经常关注网购信息，几乎所有学生都浏览过购物网站。针对学生的网购热情和实际需要，笔者专门将"网上购物"作为这节课的主题活动，激发学生的学习热情，并通过一系列情境的设置（见表2-1），引导学生自觉、主动地去探究和学习，提高学生的网络安全意识。

表2-1 "基于万维网平台的应用——网上购物"的情境设置

情境设置	我的选择	选择的理由
情境一：如何选择购物平台？ 随着信息化时代的到来，网上购物已经成为一种时尚，一种习惯，面对众多的网购网站，你会选择哪个（些）平台进行购物		
情境二：如何选购商品？ 选好网购平台后，我们就可以进入网上商城选购商品了。那么多令我们眼花缭乱的商品，同一件商品，商家不同、价格不同、销售量不同、评价不同，你会如何选择		
情境三：你会选择哪种支付方式？ 选好商品后，就到了付款环节，购物网站中会提供多种支付方式，如网银支付、电子钱包支付、第三方支付、货到付款等，你会选择哪种		
情境四：如果发现所买商品为假冒伪劣商品，你该如何维权		

这样的教学内容源于学生生活中有网购的需要，通过设置学生网上购物最关心的问题情境，把课本中的知识点转化为学生生活实际的问题，让学生始终成为课堂参与的主体，感受生活问题的求解过程，掌握问题求解的思想和方法，将知识用到实处，让学生形成主动获取、利用、判断、处理和传播信息及知识的习惯，增强信息意识。

2. 转变教法，发展学生的计算思维

在数字化时代，信息技术教育需要引导学生通过判断、分析与综合各种信息资源，运用合理的算法形成解决问题的方案，让学生总结利用计算机解决问题的过程与方法，并迁移到与之相关的其他问题解决之中，简言之，就是要发展学生在数字环境下特有的思维方式——计算思维。但是传统的信息技术课堂教学通常是"传授—接受"的教学模式，以教师讲授和操作演示为中心，学生只是被动地接受知识和技能，在这种教学模式下，学生失去了学习的兴趣，不能有效发挥自身的主观能动性去探索新的知识、解决新的问题，计算思维的发展受到一定制约。

如何发展学生的计算思维？信息技术的教学方式需要转变。教师可以根据教学内容和学生的实际情况，选择合适的方法进行教学，如情境教学、游戏教学、任务驱动、形象化教学等。如在学习必修1的"3.4.3 程序设计实例"一节，讲到两个变量交换时，通过创设教学情境，以问题解决为主线，采取任务驱动形式，引导学生经历"情境—获取—加工—建构—内化—升华"的知识建构过程。笔者以生活中遇到的问题"如何交换分别装有酱油和白酒的瓶子"引入，让学生通过实物操作了解交换的过程，最后通过完成学习任务单建构知识体系（见图2-4）。

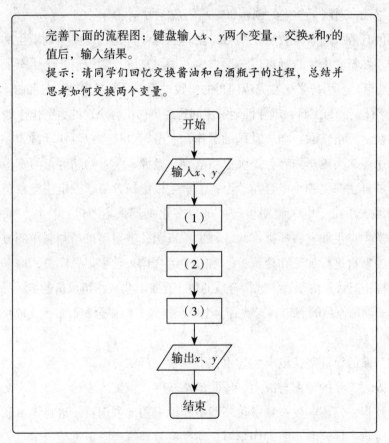

图2-4　"3.4.3 程序设计实例"学习任务单

学习任务单的设计应紧贴教学内容，可以采用形象化的流程图或思维导图的方式，帮助学生分析出知识的结构，理解知识间的相互关系，让学生通过总结利用计算机解决问题的过程与方法，迁移到与之相关的其他问题的解决中。

在信息技术教学中，我们需要改变以往的教学方法，启发学生的思维能力与想象能力，引导学生的思维从形象思维过渡到抽象思维上，形成科学的理论体系，鼓励学生利用已掌握的知识和方法，对信息加工整理、抽象特征、建立结构模型、合理组织数据，建构自己的知识体系，让学生的计算思维得到发展。

3. 以生为本，提高学生数字化学习与创新能力

数字化学习与创新核心素养强调让学生在数字化学习过程中创造性地解决问题及形成创新成果。但在传统的信息技术课堂中，是以教师为中心，作为认知主体的学生在整个教学过程中始终处于被动接受知识的地位，学生学习的主动性被忽视，遏制了学生的创新思维与创造能力。

如何有效提高学生数字化学习与创新能力？首先，需要明确学生才是课堂的主体，在教学中，教师可以根据学生的学习基础，创设适合学生需要的数字化环境与活动，引导学生在完成项目的实践过程中，通过自主学习和协作学习，利用数字化资源与工具，创造性地解决问题或创作出有个性的数字化作品。

如在学习选修2的"5.2 动画的制作"一节时，笔者以制作动画作品《我的青春纪念册》为教学内容，提供作品范例、微课、学习网站等学习资源，引导学生开展自主探究和小组合作学习：①学生根据任务要求确定小组角色分工，利用网络、手机、电子绘图板等各种数字化工具采集图像、音频、视频等素材；②学生自主探究教师提供的各种学习资源，掌握简单动画制作的方法，将所收集的素材进行加工和处理；③通过小组合作，学生集思广益，博采众长，充分发挥小组成员的创意，选择合适的数字化工具集成小组成员的半成品，创造性地完成动画作品的制作；④最后学生以小组为单位在全班汇报、交流作品创作心得。

整节课的设计坚持以学生为主，引导学生借助对图像、音频、视频、动画等信息处理工具的学习与应用，体验信息获取、加工、表达、集成、交流与评价的全过程，培养学生在数字化环境中积极主动地利用资源进行学习和创新活动。通过自主探究和小组合作学习，学生有效地管理学习过程与学习资源，创造性地解决问题，从而完成学习任务，形成创新作品的能力。

4. 德育渗透，培养学生信息社会责任感

社会责任感是指个人对国家和社会、对集体和家庭、对他人、对自己所负责任的信念和认识、情感和信念以及与之相应的遵守规范、承担责任和履行

义务的自觉态度而产生的情绪体验。新课程标准十分关注学生社会责任感的培养，并明确指出培养学生的信息社会责任感，能够遵守信息法律法规，信守信息社会的道德与伦理准则，维护自己和他人的合法权益；对于信息技术创新所产生的新观念和新事物，具有积极学习的态度、理性判断和负责行动的能力。

　　教师的责任除了传授知识给学生，更重要的是引导学生树立正确的做人准则、价值观、人生观和世界观，那么如何培养学生信息社会责任感呢？笔者认为，信息社会责任感的培养应该是潜移默化、润物无声的，应该在信息技术课堂教学中渗透德育教育。以选修2的"5.1 声音的采集与加工"一节为例，笔者把学习的主题定为"放飞梦想的翅膀"，将德育教育渗透在各个教学环节（见表2-2）。

表2-2　教学环节概述

教学环节	活动内容	德育渗透
创设情境导入新课	以习近平总书记对中国梦的描述引入，接着播放视频：配乐诗朗诵《我的中国梦》，并请学生畅谈一下自己的梦想是什么	1. 加强学生对中国梦的理解。 2. 通过观看视频，提升学生的民族自豪感和认同感，培养学生的爱国主义精神。 3. 引导学生思考自己的梦想和追求，鼓励学生大胆表达自己的真实想法
学习新知任务探究	任务设置：以"放飞梦想的翅膀"为主题，大声说出我们的梦想，并用音频的方式记录下来，鞭策我们勇于追求梦想，并为实现梦想而奋斗	以"梦想"为主题，容易让学生产生共鸣；让学生说出自己的梦想并记录下来，能激发学生对新知识、新事物的学习兴趣，从而快速融入学习活动
作品交流评价反馈	1. 作品交流：引导学生在学习网站发布自己的音频作品，并欣赏其他小组的作品。 2. 借助"作品量化评价表"，引导学生欣赏、分析他人作品，并进行自评和互评	欣赏、评价、对比他人的作品，既培养了学生积极的价值观，同时也是一个自我发现和完善的过程，为学生树立正确的做人准则、价值观、人生观和世界观，以及为更远大的理想打下基础
小结回顾	1. 认真负责地利用作品进行表达和交流，尊重他人作品，树立健康的审美情趣。 2. 我们在制作原创音频的同时，要注意保护作品的知识产权	学生心智尚未成熟，教师必须适时引导学生遵守信息法律法规，信守信息社会的道德与伦理准则，维护自己和他人的合法权益，树立保护知识产权的意识

培养学生的社会责任感是一项长期的社会系统工程，作为信息技术教师，应该勇挑重担、迎接挑战，在信息技术课堂中，除了给学生传授知识，还应适时进行德育教育，在潜移默化中逐渐提高学生信息社会参与的责任感与行为能力。

四、结语

高中信息技术学科核心素养的培养是时代发展对信息技术教学提出的新要求，为了将信息技术学科核心素养的培养落到实处，教师在学科教育教学中不仅要重视思维与方法，同时要重视信息技术理念、思想及品质，牢固树立培养学生信息技术核心素养的思想。教师在课堂教学中必须依据不同的信息技术核心素养要素，运用灵活多变且科学有效的教学手段与策略，凸显信息技术核心素养的渗透与落实，并在课堂实践中创造性地开展多元化的实践活动，让信息技术课堂更加形象生动，增强学生在信息社会的适应力与创造力。

参考文献

［1］教育部基础教育课程教材专家工作委员会.普通高中信息技术课程标准［S］.北京：高等教育出版社，2017.

［2］李锋，赵健.高中信息技术课程标准修订：理念与内容［J］.中国电化教育，2016（12）：4-9.

［3］郑英.核心素养视角下如何开展高中信息技术教学［J］.考试周刊，2017（75）：42.

［4］肖新国.高中信息技术教学如何培养学生信息核心素养［J］.新课程（中学），2017（7）.

［5］孙丽丽.浅谈在信息技术教学中如何培养信息素养［J］.中学时代，2014（23）：164.

该论文发表于《教育信息技术》2020年第5期

"互联网+"背景下
中小学信息技术竞赛培训的策略分析

广东省韶关市张九龄纪念中学 潘跃云

随着信息时代的到来，互联网因其高效、快捷、方便传播的特点，已经融入人们的学习和生活之中。网络为教育教学提供了广泛而又充实的信息资源，而"互联网+"概念的提出更是推动了互联网科技与教育的深度融合。本文结合笔者多年培训学科竞赛的经验，探讨在网络环境下开展中小学信息技术竞赛的培训策略，为开展中小学信息技术竞赛辅导提供有益借鉴。

一、"互联网+"背景下的中小学信息技术竞赛

2015年3月，李克强总理在十二届全国人民代表大会第三次会议的政府工作报告中，首次提出制订"互联网+"行动计划，鼓励大众创新。教育部也推动"互联网+教育"大平台的建设，加快培养创新型人才。这些都与信息技术学科竞赛的宗旨不谋而合。在中小学阶段，诸如青少年信息学奥林匹克竞赛（简称"NOI"）、中小学信息技术创新与实践大赛（简称"NOC"）、全国中小学电脑制作活动等规格高、影响力大、普及面广的信息技术竞赛，这些竞赛依托"互联网+"平台，激发青少年的创新精神，培养实践能力，全面推进素质教育，选拔优秀的科技人才。

"互联网+"的提出为竞赛辅导提供了新思维和新方向，促使教学理念和教学手段的转变。在此背景下，作为一名竞赛指导教师，需要与时俱进，改变

传统的竞赛培训方式。近几年，笔者不断探索"互联网+学科竞赛"的培训策略，依托"互联网+"平台，将网络学习社区、网络教学软件、微课视频等各类资源与学科竞赛紧密结合，打破时间和空间的限制，最大限度地拓展学习内容，激发学生的创新意识，促进学生全面发展。

当然，基于"互联网+"的培养策略下，对学生的要求也提高了，首先要具备主动利用网络教育资源学习的意识；其次要掌握熟练的网络操作技术；最后对网络中的各种信息要具有一定的甄别能力，能够提取出有效的学习资源。

二、信息技术竞赛开展现状及存在的问题

与其他学科相比，信息技术学科竞赛项目较多、参与面较广。如全国中小学电脑制作活动是由教育部基础教育司指导，由中央电化教育馆主办，从2000年开始已经成功举办了20届，该赛事得到了各地各级教育部门的普遍重视，深受师生和学生家长的热烈欢迎与大力支持，参与学生人数达到数千万之多。

笔者指导学生参加此项竞赛已经10余年，多个优秀作品获得国家、省、市级奖励。近年来，学生参与该活动的热情越来越高，作品数量也越来越多，参赛作品的质量也在逐年提高。但在培训学生的过程中，以下几个问题也越发突出。

（一）人才选拔模式亟须改进

选拔苗子是做好信息技术竞赛培训的先决条件。但在挑选学生时，对于他们的信息技术水平如何，是否有相关比赛的经验，能否持之以恒地参加竞赛培训，教师都不甚了解，也无从参考，导致人才选拔方式较为单一，或问卷调查，或考试、面试，或全凭学生的兴趣。这些挑选方式难以对学生进行全面考查，一开始可能参与者众多，但能坚持到最后的却寥寥无几，培训效果事倍功半。

（二）学生培训时间难以保证

一件优秀的电脑作品从创意设计、布局构思、主题提炼、版面制作、艺术加工到最后的作品修改完善，每个环节都需要时间去精雕细琢。但是作为一名学生，首先需要保证主科的学习时间，特别是初高中学生有中考和高考的压力，在学有余力的情况下，才能抽出时间参加学科竞赛，由于信息技术学科的特殊性，集中面授培训的时间更是难以保证。

（三）培训方式需要创新

学生之间存在个体差异，每个学生的知识水平、接受能力都有区别，而信

息技术学科竞赛又是一门与实践操作结合紧密的比赛，如果继续采用传统的培训方式来授课，教师教得累，学生学得苦，培训效果却不尽如人意。在"互联网+"背景下，竞赛的培训方式也需要探索和创新。

（四）学生评价方式单一

传统评价学生作品的方法和手段较为单一，一般都是指导教师根据自己的培训经验和审美喜好来评价、推荐作品，这往往使作品的评价和选拔缺乏科学性、客观性与合理性，可能因此遗漏一些有想法、有创意的作品。

三、信息技术竞赛培训策略

笔者结合多年的培训经验，以全国中小学电脑制作活动为例，探索在"互联网+"环境下如何改进信息技术学科竞赛的有效策略。

（一）建立学生电子档案，优化人才选拔策略

全国中小学电脑制作活动是一个对学生综合能力要求较高的学科竞赛，人才的选拔是关键。首先，它要求参赛学生不仅要掌握计算机软硬件的相关知识，还要具有较强的创新能力、审美能力、设计能力和实操能力。其次，电脑制作活动的比赛项目较多，细分到不同学段的具体竞赛子项目多达10多个。作为指导教师，除了要挑选有兴趣、有能力、有潜力的学生，还要根据学生的特长，在不同项目间进行调配，选好了培养对象，找准了比赛方向，就会让培训效果事半功倍。由此可见，对学生的选拔和定位在整个竞赛培训中起着举足轻重的作用。

近几年，笔者尝试改进以往的选拔策略，通过建立电子档案袋来挑选学生。在新学年伊始，挑选一款合适的网络软件或者平台，为学生们建立电子档案袋，记录每个学生的学习足迹。所谓电子档案袋，实际上就是通过构建电子化存储空间，供学生收集自己的学习成果，能动态地、真实地记录学生在信息技术学习过程中的成长足迹。它主要由教师和学生收集，用于存放学生在学习过程中的各类成果，如学生的文章、作品、作业、试卷、评语、反思、感想、调查问卷等。有了学生电子档案袋，教师能及时、全面地了解学生的发展过程，可以针对学生的个性特长进行项目调配，例如，绘画美工能力强的学生可以参加电脑动画，设计能力强的学生可以参加电脑艺术设计，逻辑思维能力强的学生可以参加程序设计，挑选学生真正做到有的放矢。学生也同样可以查阅

电子档案袋来了解自己的优点和不足，从而选择自己喜欢且有优势的比赛项目。改进、优化了选拔策略以后，二次调配项目的学生少了，坚持到最后的学生多了，培训工作成效明显。

（二）依托"互联网+"平台，实施翻转课堂教学

电脑制作活动的培训工作与日常信息技术教学不同，竞赛班的学员是按项目划分的，同一个项目必定会有不同学段、不同年级的学生一起学习，学生水平参差不齐、教学进度不一的情况在所难免。此外，电脑制作活动的比赛项目较多，一个教师需要同时兼顾几个项目，工作量较大且辅导难度较高。这就需要改变培训的方式，提高竞赛培训的效率。

根据活动指南要求，结合学生实际，依托"互联网+"平台搭建竞赛学习社区，实施翻转课堂教学。翻转课堂，或称颠倒课堂（Flipped Classroom/Inverted Classroom），是一种新型教学模式。传统的教学模式是教师在课堂上讲课，根据教学内容布置任务，让学生课后完成。与传统的教学策略不同，翻转课堂是一种学生自学和教师辅导相结合的教学模式，教师首先将各个项目的学习内容录制成微课视频，然后上传至网络学习社区，学生可以根据自身的实际情况合理安排自己的学习时间，通过课外观看视频进行自主学习，原来课后完成的任务则改为在课堂上进行。这种翻转课堂教学策略使教师的角色由原来的讲授者变成指导者和促进者，教师能腾出更多的时间引导学生重点解决在学习过程中遇到的问题，进行分层辅导和答疑。

例如，以学习Photoshop中滤镜工具的相关知识为例。在课前，竞赛教师会将滤镜工具的操作步骤和使用方法录制成视频，并收集相关学习资源（PPT、电子书等），还会根据视频内容设置好相应的学习任务，将视频、学习任务以及教学资源发布在学习社区后，引导学生登录网络平台进行课前自主探究学习，并叮嘱学生要记录好自己在学习过程中遇到的困难和问题。在面授时，教师首先针对学生提出的问题进行答疑解惑；其次，以布置作品任务的形式，实现学生对新知识的内化。在创作作品时，鼓励学生充分发挥创新能力和实操能力，从而设计出理想的作品。

实施翻转课堂教学，虽然教师前期准备工作量大，但是坚持一段时间以后就会发现学习效果十分明显。首先，有利于教师发现不同学生的学习特点，把控学习进度，提供更有针对性的培训辅导，让每个学生保持学习的热情，真正实现因材施教、分层教学；其次，拓宽了学生学习的视界，为学生的作品创作提供了工具和网络平台的支持，使学生从知识的消费者转化为知识的生产者；最后，改变了以往较为沉闷的教学模式，取而代之的是灵活多样的学习方式，极大地丰富了学生的感官体验，让他们在学习过程中收获成功的喜悦。总的来说，开展翻转课堂教学改革受到了学生的欢迎，课堂教学的信息量、知识深度和广度等有了大幅度的增加，教学进度也比传统的培养模式快，教师总的工作量减轻了，而学生作品的质量却有了很大提高。

（三）利用网络沟通交流，推进小组合作学习

新课程标准倡导"自主、合作、探究"的学习方式，小组合作学习是培训过程中的重要环节，笔者按照学生的知识基础、学习能力、兴趣爱好、性格特征、性别等差异进行分组，使每个小组都有高、中、低三个层次的学生。但是，在小组合作学习的过程中，难免会出现诸如学生生性腼腆、合作参与度低、讨论资源不足、问题难以拓展、时间难以把握等问题，导致小组合作流于形式，缺乏实效性，而且学生自主获取信息的时间有限，信息收集、加工、整理、提升的能力较弱，交流讨论中的时空限制、自我表现的欲望差异等，同样会影响小组讨论合作学习的顺利进行。

现在是信息化时代、互联网时代，QQ、微信等网络聊天软件以其强大的功能和人性化的设计而深受学生的喜爱，作为信息技术竞赛的指导教师，笔者不但没有阻止学生使用这些聊天工具，而且鼓励学生利用这些网络平台进行沟通和交流，推进小组合作学习。此外，笔者还在网络学习社区中开辟了电脑制作活动论坛，为每个小组开设了板块，由小组长负责管理，鼓励学生利用论坛提问和交流。教师利用网络引导学生开展小组合作学习，对学生有代表性的讨论或回答进行收集、提炼和整理，发布在QQ群或者论坛中，形成有用的学习资源。

利用网络工具进行沟通交流，不但可以为师生提供多样的沟通方式、丰富的学习资源和实时的交流平台，利于解决现实中课堂合作学习的缺陷，而且符合青少年学生的身心发展特点和兴趣爱好，让他们在网络的虚拟环境中大胆、自信地畅所欲言，学生的自我判断与合作探究意识在潜移默化中得到加强，让学生体验利用网络进行合作学习获得成果的愉悦，形成乐学、善学的学习氛围。

（四）搭建微课视频平台，拓展探索交流渠道

随着学习的深入，学生在创作作品的过程中，会不断涌现出许多新的问题，而这些新生成的问题往往既复杂又很难预见，通常是通过师生共同分析、合作探索，由教师运用引导、讲解或演示的办法来解决，而演示又是其中使用频率最高的方法。不同的学生经常会提出相同或相似的问题，这就导致教师需要进行不必要的重复教学。如何才能减轻教师负担，节省教学时间，提高教学效率？改变以往的教学方法，将生成性的问题录制成微课是一个有效的教学手段。

所谓微课就是以视频为主要载体，记录教师围绕某个知识点（生成问题）开展教学活动的过程。学生通过观看视频开展自主学习，在学习中提出问题、讨论问题，最终在教师的引导下解决问题。准确来说，微课包含了视频录制和学生自主探究学习、多边交流反馈两个部分，如果缺少了学生自主探究学习、多边交流反馈部分，那么微课就失去了意义。学生在使用微课进行学习后，理解能力、领悟水平有了很大的提高。教师在制作教学视频的同时，设置相对应的问题或安排探讨活动，并发布在学习社区上，让不同水平的学生都能积极参与，让他们学有所得，从而有更多的时间去探究、实践、体验、创新，极大地提高了学生的学习效率和自主探究能力。

（五）推行网络评价体系，实现作品评价多元

作品完成后，就进入了作品评价、推荐参赛阶段。面对众多水平参差不齐、风格各异的学生作品，如何才能科学、客观、合理地评价和选拔出优秀的参赛作品呢？推行网络评价体系，实现作品评价多元化是一个不错的选择。指导教师通过校内网络平台，组织模拟评审，邀请作者、同项目组成员和指导教师对作品进行评审，在集思广益的基础上，推荐出参赛作品并给出修改建议。

首先，教师将所有学生的作品汇总、整理后发布到网络平台上，并根据电脑制作活动的指南要求，按科学性、创新性、艺术性和技术性四个评价指标制定出详细的作品评价量表，邀请评委团的成员登录网络平台对作品进行多元评价。然后通过网络平台的后台数据库对相关作品模拟评审产生的评价数据进行分析和处理，最终推选出综合评价高的作品，并将评委们对作品的合理建议和改进意见及时反馈给作者，帮助其继续完善自己的作品。

推行网络评价体系对作品进行多元评价，除了能帮助指导教师科学、客

观、合理地筛选作品外，还能引发被评价者的反思。通过自评，学生对作品的评价标准有了更清晰的了解，在潜移默化中学会自我调节和监控，学会对学习过程、方法和效果进行分析，并能从他人反馈的结果中反思自己作品的亮点和欠缺之处，及时调整改进自己的制作策略，通过不断完善作品得到自我发展。同项目的学生进行互评，可以增强组员间的合作意识，教师要善于引导学生学会欣赏他人的作品，既要发现作品中的不足，更要发现作品中的亮点，营造出一种互帮互学、和睦相处的课堂氛围。学生通过相互交流、协商、评价，可引发各种层次和类型的文化碰撞、价值观碰撞以及思维碰撞，这有助于他们在认知层面上达到协同和提升，从而提高作品质量。教师通过评价，可以更好地了解学生的学习表现、情感体验等多元信息，根据学生作品情况反思自己的教学思路和方法，从而更有针对性地对学生进行培训辅导。

四、结语

网络给学生学习带来了广阔的时间和空间、自由的学习方式和展示形式、灵活的沟通和交流方式，培养了学生主动学习的习惯，激发了学生的创作灵感。在"互联网+"背景下的信息技术课程教学是一种主动的、创新的、开放的学习策略，真正实现面向全体学生，分层施教，学有所得。学无定法，贵在得法。信息技术竞赛辅导并没有最好的培养策略，只有根据学校、学生和指导教师自身的实际情况，选择最合适的培训方式，指导教师更需要更新思维，勇于探索，甘于奉献，才能培养出一批又一批具有创新意识的科技型人才。

参考文献

[1] 王文槿，李仲先.学校信息化教学［M］.北京：科学出版社，2006.

[2] 倪闽景.翻转课堂的要义在于让学习更有意义［J］.上海教育科研，2014（8）：1.

[3] 苏富强.微课在中学课堂教学中开发与应用的现状及对策［J］.文教资料，2017（2）：186–187.

[4] 陈雪明.信息技术教学评价的探索与实施［J］.新校园（中旬刊），2013（11）：107.

高中信息技术项目式教学"归做观"

——信息技术教学新模式初探

广东省韶关市第五中学　张大江

教师的教学观支配着教师的教学行为，间接影响着教学效果。教师必须与时俱进，适时反思与更新自己的教学观，提升自身的理论水平与教学能力，"归做观"就是笔者根据自身的实践与反思并不断总结前辈的经验提炼而成的。

一、归做观

首先从信息技术的教与学说起。"信息技术""教""学"三者的关系如何？如何形成一个有机整体？它们的交集在哪里？它们如何联系在一起？笔者一直在思索与探究这些问题。

我们从诺贝尔奖谈起。美国诺贝尔奖的获得者中，有273个本土学子，经学者研究归功于美国的教育"做中学"教学理念。"从做中学"是美国教育学家杜威（Dewey）的全部教学理论的基本原则。杜威认为，"所有的学习都是行动的副产品，所以教师要通过'做'，促使学生思考，从而学得知识"。杜威把"从做中学"贯穿到教学领域的各个主要方面中去，诸如教学过程、课程、教学方法、教学组织形式等都以"从做中学"的要求为基础，形成了"不仅塑造了现代的美国教育，而且影响了全世界"的活动课程和活动教学。我国著名教育家陶行知先生也提倡"行是知之始"（做是知识的重要来源），教学做合一，要求"劳力合一"（教读书的人做工，教做工的人读书）。陶行知的思想对我们国家的教育一直有所启发，我国不少地区也开展"做中学"并且初见成效。这些从网络或我们身边的事例都可以看到。从上面中外教育家关于"做"

的论述及其"做中学"所取得的成就可见："做"具有丰富的教育内涵，具有强大的教育教学功能。

信息技术是一门操作学科，无论是信息与技术，还是"教"与"学"，都必须去实际操作，无论是用技术去采集、处理、分析信息，还是从信息中总结出技术，必须去做；"教"是为了"做"，"学"也是为了"做"。"做"是教育教学活动，也是教学内容和教学目标。"做"无疑是交集，"归做观"正是笔者追求与崇尚的教学观（见图2-5）。

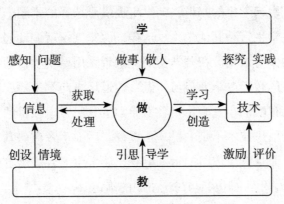

图2-5　学、做、教的关系图

而基于项目的学习是一种以学生为中心的教学模式，在基于项目的学习中，学生参与度比较高，学习态度积极。学生乐于将更多的时间用在其中。基于项目的学习模式和信息技术的教与学的关系很融洽（见图2-6），它符合"归做观"，更符合新时代的教学模式。

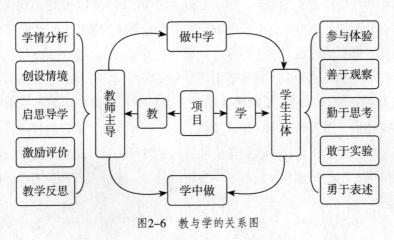

图2-6　教与学的关系图

二、策略观

如何确保基于项目的学习"归做"呢？具体有如下策略。

1. 项目主题的提出与明确需主导"做"为先、主体"做"为本

万事开头难，项目学习主题的提出与明确对大部分学生来说是很难的。一是他们不熟悉项目式学习方式，对信息技术这门学科不够重视，大家都在观望；二是他们不知要做什么主题。这时教师作为引导者要先给学生做示范，用案例引导学生，引起学生的兴趣，向学生提供可选择的主题，着重引导有灵感的学生，以这些学生带动其他学生。这样，课堂气氛就调动起来了，每个小组一般都积极主动参与讨论。在开学初期，笔者采用基于项目的教学方式，首先向学生讲明现在的教学改革形势与"做"的道理，向学生播放人工智能案例，并做了一些人工智能的小试验，接着引导学生分组考虑项目的主题。一开始，有部分学生认为信息技术不是主科，不重视。后面笔者在课堂上当面引导这些组去思考问题，而且有少数组的示范引导，让学生上台展示自己组的主题与计划，这样大部分学生都积极参与讨论主题的确定。

对于主题的选择，只要在课标内，笔者认为都可以。在信息技术课上，我们不要把信息局限于信息技术知识，而是要把信息定义得再宽泛点，定义到信息不仅是信息技术知识，还包含我们这么多年学习的语、英、数、物、化、生、政、史、地等各门学科的知识，学生以及教师的最大弱点不是学得不够多，而是不会去发掘信息的价值，不能学以致用。很多知识信息没有实际运用，知识的价值没有发掘出来，学生觉得学的知识没有用，学习的积极性也不高。那么，怎样破解这个各学科的教学难关？教学实践证明：学生自主参与，亲自体验"做"的过程，学生对学习知识会有更深的体会。项目学习的核心在于让学生自主参与"做"，在实践中体验，实现知识的个体化，教师所做的一切不仅是传授知识，更重要的服务学生"做"，在于为学生创设"做"的条件，激发他们"做"的兴趣，把握"做"的方向，点拨"做"的技巧，促成学生"做中学"，而不是包办代替学生"做"。教师必须时刻自律教学行为，确保不改变学生的主体地位，只有学生参与"做"，才能实现知识内化，做学习的主人。

2. 制订计划有一般做法

做项目，我们要先进入一个情境，在情境中发现问题，并提出与确定好主题，围绕主题设计与开展各项活动。计划必须从实际出发，先要调查需求，通过各种渠道收集与主题相关的信息，然后归纳分析信息，确定可以使用什么活动去探究主题，什么时候去完成计划好的探究活动。制订好活动方案后，按照组员情况进行分工，让组员充分发挥与拓展自己的能力。对于信息技术项目，学生倾向于做硬件类的，这是属于物品，我们借鉴了通用技术的设计过程：①发现与明确问题；②方案构思；③设计样图；④制造原型；⑤试验与改进，让学生按需求加入自己的项目计划中。

3. 重解惑轻应用

在基于项目的学习中，教学内容中基础知识和方法固然重要，但不能止于知识与技能、过程与方法，同时单纯的知识积累也不能自然形成相应的素养，而应在此基础上提炼它们蕴含的逻辑依据、思维方法和深层含义，也就是让学生提升信息意识与计算思维。在这些思想的指导下，将知识与技能、过程与方法变通应用（迁移）于新的问题情境中，解决生活、生产中的真实问题，表现出具体的价值。必须将知识的学习与"做"统一起来，将结构化的知识与解决真实问题统一起来，将解决问题与做人做事统一起来。教师作为"做"的先导，不仅要使学生明白"做"的目的，理解"做"的原理，更应当指导"做"的技术，主动及时发现、处理出现的问题，除了"授业"，更重要的是"传道"给学生，这样才能最大限度地促进学生发展核心素养。

4. 激励评价，促进发展

学生作为独立的个体，在先天与后天的发展中不可避免地有所差异，科学的评价方式应该是多元的，不应单单以分数衡量。教师要以赏识的目光审视学生，正视学生发展的差异性与不均衡性，善于寻找和发现学生的闪光点，挖掘每一名学生的优势潜能，促进学生的全面发展、个性发展和特长发展。很多时候，赏识教育更能激励学生，多给学生一些微笑和激励，多为学生提供表演的机会，满足学生的成就感，对学生是极大的鼓舞与鞭策。学生对信息技术的学习兴趣提高了，乐意学了，敢于去尝试了，项目学习就有了保障，这样才能形成良性循环，有效地提高信息技术的教学质量。表2-3提供了一些评价方法与评价工具供大家选择。

表2–3　评价方法与评价工具

评价方法	评价工具
图表	概念图 排序活动 分类图表 优先级列表 学情调查表
观察（笔记和记录）	笔记 检查清单 和学生面谈的问题 同学间观察 教师观察
日志（文章、视频、图片）	提示记录
小组讨论	统计表 提示

　　以上是笔者对高中信息技术项目式教学的"归做观"，教学应以学生为主体，以教师为主导，在学习兴趣的激发、项目情境的创设、激励评价等方面自主创新，为学生创设"做"的条件，让学生踏实"做学问"，发展核心素养，全面提升学生的信息素养。

该论文发表于《教育信息技术》2019年第5期

程序设计课堂中的计算思维培养策略

广东省韶关市田家炳中学 朱棋双

根据美国卡内基梅隆大学教授周以真（Jeannette. Wing）的观点，计算思维是指利用计算机科学的基本概念体系解决问题、设计系统和理解人类行为的一种思维方式。计算思维常常与程序设计联系在一起，但又不局限于程序设计，可通过现有的技术手段和软件工具解决问题，使用计算思维对问题进行分析，创建模型，得出结论。在信息技术课程教学实践中，程序设计往往是最能体现计算思维创新性和实践性的内容，最能突出计算机学科思维方式的内容。本文在高中信息技术程序设计课堂教学中如何引入计算思维的培养理念，从教学设计、教学策略和教学评价等课堂实践方面探讨了培养学生计算思维的教学方法，为建构计算思维的培养模式改革奠定了基础。

一、研究背景

新加坡南洋理工大学吕赐杰教授认为，计算思维的四个核心要素是分解、模式识别、抽象和算法。具备了这四个能力，人们就能以计算机程序的形式找到解决问题的方案，并在计算机上执行该方案，达到解决实际问题的目的。由此可知，计算思维的本质是抽象和自动化，其实质是"能行、构造、模拟"，通过对问题的分析，建立模型、设计算法、解决问题。计算思维通过用计算机模拟现实世界，解决现实问题。在现有教材情况下，对课程内容进行重组，挖掘出适合计算思维养成的教学内容。本文以信息技术课程必修模块《信息技术基础》教材中"信息的加工"一章为例，将原来的"现代信息处理工具""字处理和表处理""多媒体信息处理""算法及其实现"和"智能处理"五节内容进行重新组织。在实际教学中，教师根据学校实际确定某个学习主题，设计出以培养计算思维为主线的"发现—体验—抽象—数字化"四步骤探究教学策略，引导学生经历"发现问题、提出问题、利用计算机学科思维方式解决问题"的探究教学过程。

二、培养学生计算思维的教学策略

（一）情境教学，激发计算思维

对于课程中难以理解的内容，教师会让学生在明确探究目标的基础上，创设情境进行教学。学习过程以"问题解决"的方式展开，积极引导学生，通过培养寻找、发现身边的实际问题和解决问题的能力，充分体现出计算思维在学科教学中的运用。以讲解递归算法为例，进行猜礼物游戏，让一名学生作为起始人，在传递过程中，传递人只能询问旁边的人，并且在场所有学生都只能被问一次，如果其中一名学生知道了结果，就可告诉原来告诉他的那个同学，以此类推，直到最终得出结果。在游戏过程中体会递归的奥秘，进入递归的思维模式，寓教于乐。

（二）案例分析，理解计算思维

学生对算法及数据结构需慢慢积累，从"程序初体验"到"小试牛刀"再到"挑战升级"层层递进。先让学生分别体验基本命令、程序编码实现一定功能，感受计算机程序的强大；进而引申，从刚经历的"双十一"网购节各种商家折扣计算问题入手引导学生分析，完成问题解决步骤（算法）的设计；再根据算法完成代码并调试运行验证结果，进而体验编制程序解决问题的各个环节；最后，商家折扣再升级加入随机红包，引导学生进一步分析问题、修改算法并完成代码实现再次体验编制程序解决问题。

（三）活动促学，体验计算思维

体验用计算思维解决实际问题的过程，能结合实例，让学生从解决问题的方法上运用所学知识，提升计算思维能力。通过编程软件，如VB编程，学生分析问题，提出解决问题的方法，"学中做""做中学"，加深学生对知识的理解。教师会为学生提供更高难度的任务内容，让学有余力的学生充分发挥自身的潜力。让学生能在自主学习和协作学习中，体验到程序设计带给他们的创新体验。

（四）任务驱动，培育计算思维

教给学生知识或技能会相对容易一些，但某种能力或思维的教学会较难，如递归等。在解决比较复杂的问题时，如何让学生将复杂问题分解成一个个小问题，然后去解决这些小问题，就需要确定关键内容，对数据进行抽象分析，确定算法描述，运用流程图构造结构。让学生体会到问题分析处理的方法，对复杂问题化繁为简、层层分析，体现计算思维对于解决问题的优势。例如，输入100名学生的身高，得出这100名学生身高中最高和最矮的数值。教师就可以引导学生分析问题：这100名学生的身高是随机输入，到100后不再输入。在数学中就是比较大小，重复比较两个数的大小，输出其中的最大值和最小值，利用循环结构，比较完所有学生的身高，得出最大值和最小值。通过引导分析解决问题的过程，学生使用程序解决现实问题的能力就会得到提高。

（五）翻转课堂，强化计算思维

让学生在课前自学，教师提供微课，在微课中讲解新课的重点和难点，学生在课堂上就会更专注。在课堂上通过现实生活的实例，再分析、类比，然后编写程序，就可让学生形象地理解面向对象程序设计中的对象、属性、方法、事件、类等基本概念与封装、继承、多态性等特征。在一定程度上解决了课时的限制，将学生的学习延伸到课外，学生由被动变为主动，利用丰富的信息化资源让学生成了主角，促使课堂教学内容更加完整丰富。利用翻转课堂模式，可以将一些在课堂上难以进行、受时间限制的教学内容延伸至课外，从而强化学生的计算思维。

三、建立计算思维教学的多元化评价体系

把树立和健全培养计算思维作为评价学生的指标，健全评价体系，让学生成为评价的主体，学生可互评、自评和师生互评。如何健全多元评价体系？教师可以利用评价平台交流讨论，让学生发表自己的观点，使教学与评价一体化。教师设计一些问题让学生发表观点，再评价学生的学习情况；然后参照其他学生的观点看法，学生在自我反思和自我评价的同时，完成学生互评过程。还可通过问卷星、App评价系统、电子表格引导学生自我评价、相互评价，唤醒学生的多元评价意识，对课堂教学产生一种积极的效果。

四、结语

程序设计是高中信息技术课程中最能体现计算思维培养目标的重要组成部分，它的诸多理念、思维和算法仍然是现代信息科技发展的基础。在程序设计课堂教学中培育学生的计算思维是一个逐步形成且艰难的思维养成和提升过程，需要长期、有效、系统的学习和训练。期待高中学生在学习程序设计的过程中，培养对计算思维的浓厚兴趣，深入理解计算思维的本质和内涵，具备运用计算思维解决实际问题的能力，为终身学习和发展打下坚实的基础。

参考文献

［1］Jeannette. Wing. Computational Thinking[J]. The Communications of the ACM，March，2006：33–35.

［2］Looi Chee Kit.Teaching and learning :computational thinking is the key to preparing Singaporeans for the digital century[EB/OL]. https://www.imda.gov.sg/infocomm–and–media–news/viewpoint/2017/11/computational–thinking–for–every–student.

［3］任友群，李锋，王吉庆. 面向核心素养的信息技术课程设计与开发［J］，课程·教材·教法，2016（7）：56–61.

［4］朱彩兰，李文光.新课程视野下的信息技术教学［J］.信息技术教育，2007（1）：37–40.

［5］黄霞.程序设计基础课程中计算思维能力的培养［J］.电脑编程技巧与维护，2012（18）：122–123，127.

［6］肖广德，魏雄鹰，黄荣怀.面向学科核心素养的高中信息技术课程评价建议［J］.中国电化教育，2017（1）：33–37.

体验合作学习的激情火花

——信息技术课堂中的小组合作探究

广东省韶关市田家炳中学 朱棋双

　　在教育改革浪潮中，小组合作学习成为我校课程改革积极倡导的有效学习方式之一。因其有助于学生优势互补、形成良好人际关系、促进学生个性健全发展等优点，故越来越多的教师在课堂教学过程中采用这一方法。笔者有幸参加了关于"信息化课堂中的合作学习"的培训，深有感触，激发了笔者探索和实践的热情。于是，笔者大胆尝试，在教学中运用合作学习的方式，尝试提高信息技术课堂的教学质量。在这里与大家一起分享笔者的感悟和经验。

　　合作学习能够很好地增加学生的课堂参与度，提高学生的人际交流技能和小组协作技能。合作学习的要点主要是激发学生学习的主动性和积极性，让学生在课堂中体验到不同的学习感受，达到"玩中学，学中玩"的目的，给学生创造出愉悦的课堂氛围。但要真正将小组合作学习行之有效地开展起来绝非易事。在信息技术课堂教学中的小组合作学习往往容易出现注重形式、忽视实质、缺乏实效的现象。那么，如何有效开展信息技术课堂的合作学习呢？我们在开展信息技术课堂合作学习时应注意哪些细节呢？

　　首先，要开展合作学习，教师必须充分细致地做好课前准备，要明确学习任务和目标。目标是课堂的导向，是学习的宗旨，只有确立了合作的目标，才能使学生有学习方向。合作学习的目标可以围绕内容学习、团队合作技能、世界公民意识等方面来描述。

　　其次，要合理设计合作学习活动。在一个单元的教学活动中，我们可能要设计多个学习活动来完成合作学习的目的。在活动中，笔者是利用活动的框架来完成的。框架内容主要注明活动的目的、类型、范围、合作者以及运用的信息化工具等关键要素。提出相应的问题，让学生独立思考；然后利用已有的知识尝试解决问题，找出关键因素，学生随机结对，交流彼此的看法，并尽可能达成共识。

最后，回到小组之中，综合各自得到的信息，从而形成答案。

合作学习的结果受到有效交流、学习环境、团体动力和交往技巧等多方面因素的影响，课堂的管理和实施需要抓住以下几个要点。

一、合理划分学习小组

学生认知水平的差异、基础知识和操作能力的差异以及人际关系与合作氛围是制约合作行为的关键因素。教师要在充分了解学生的基础上，按照课堂的不同特点来划分学习小组。如设计案例"韶关一日游计划"。这类实践活动通常内容多、耗时长、难度大，包括素材选取、策略选择、方案制订等需要集中多人意见和智慧才能做出决策，其中还包括撰写计划书、内容摘要以及采集素材等具体工作。面对这类实践活动可以采取一人负责版式设计、一人负责资料的收集、两人负责内容和修饰处理这样的分工，合理分配小组成员，分工合作。

二、强调小组合作的重要性

在小组合作时，笔者会时刻强调合作的重要性，小组成员之间只有真诚合作，才能顺利实现团队目标。我们的课堂是合作学习的课堂，主角是学生，要给学生创造舞台，如游戏、竞赛活动、角色表演等不同形式的教学活动，让学生做导演、做演员。适时创设合适的情境使学生快速进入角色，充分调动学生学习的积极性，不断激发学生的兴趣，吸引学生的注意力，利用适合小组合作的学习方法形成凝聚力、增强战斗力，最大化地挖掘团队的发展潜力。

三、小组学习任务的梯次性

设置任务梯度，解决学生"吃得饱"或"吃不下"等问题。太难的任务会让学生感到束手无策；任务太简单，学生触手可及，久而久之，又会失去兴趣。小组合作任务的布置要注意层次性与阶梯性，难度要适中，层层递进。任务活动的多种多样使不同类型的学生在完成任务的过程中都有机会自主进行选择，决定学习的最有利时机。任务活动的层次性与梯度性能有效地适应不同能力的学生，满足学生在发展各个阶段的不同需要。

四、小组中发挥"小老师"的作用

根据电脑课室座位的排列特点，每一排为一组，每组有三名学生。根据辅导的需要，把学生的座位做适当的调整，确保每个小组有一名学生是"小高手"，让这个"小高手"当这个小组的"小老师"。除积极表达自己对问题的看法和意见外，更重要的是"小老师"能组织组内成员围绕目标共同学习，归纳成员的发言要点，鼓励组员畅所欲言，与他们交流自己的观点；教会学习困难的学生先学会倾听他人发言，理解要点，继而尝试提出自己的理解，营造融洽的小组合作氛围，使学习小组真正成为学习共同体。

五、教师作为"编外人员"加入合作小组的作用

学生合作学习时，教师作为"编外人员"，旁观学生的学习状态，及时发现问题、解决问题，教师既是旁观者，又是监察员、引领者。"编外人员"的职责是支持组长、配合组长、协调其他组员。注意对学生的引导和课堂的监控，要同时关注多个小组合作学习的过程和进度，注意收集学生说、做、展示过程中出现的问题，及时规范学生操作，解决个别组员、个别小组存在的问题以及全体学生共同存在的问题。

六、小组展示合作成果，健全小组合作的评价方式

通过成果展示，让每个学生都有机会提出自己的操作方法，同时又分享别人的操作方法，共同讨论不同方法的优缺点，这对于拓展学生的操作思路、增强学生的自信心、培养学生的创造性思维十分有利。鼓励学生展示小组学习成果，并引导学生对其他小组的成果进行合理评价，增强学生的成功体验。笔者在每个阶段都设计了评价量规表，并落实到每个成员，对最终的小组作品也有详细的评价量规。

合作学习仅作为一种组织形式、一种学习方式，让学生在课堂上"学会""会学""乐学""好学"，在学习中闪耀个性，团结协作，共同发展。

合作学习不仅要求学生动手、动脑，而且要求师生间也要互动和合作。学习的最终目的是化难为易，突破重点，让学生更容易理解和掌握，从而提高教学质量。

参考文献

［1］陈燕.合作学习在课堂教学中的应用研究［D］.杭州：杭州大学，1997.

［2］王坦，高艳.合作教学理念的科学创意初探［J］.教育探索，1996（1）.

［3］刘吉林，王坦.合作学习的基本理念（一）［J］.人民教育，2004（1）.

［4］马兰.合作学习：给教师的建议［J］.人民教育，2004（13）：22–24.

［5］朱彩兰，李文光.新课程视野下的信息技术教学［J］.信息技术教育，2007（1）：37–40.

学生在项目学习过程中有效分组策略的探究

——以新丰一中教学实践为例

广东省韶关新丰县第一中学 肖佛望

围绕培养学生信息技术学科核心素养，项目学习成为一种新的教学组织模式，在《普通高中信息技术课程标准（2017年版）》（以下简称"新课程标准"）中提出：教学需要凸显"学主从教、以学定教、先学后教"的专业路径，把项目学习整合到教学中，创设有利于学生开展项目学习的数字环境、资源和条件，引导学生在数字化学习过程中，领悟数字化环境对个人发展的影响，养成终身学习的习惯。在项目教学实施过程中，需要引导学生分组学习。本文以新丰一中教学实践为例对学生分组问题进行探讨。

一、项目学习有效分组问题策略提出的背景

（一）适应新课程标准的要求

新课程标准要求围绕培养和提升学生的信息核心素养，同时提倡进行项目学习的教学模式。通过分组，让学生人人在参与项目式学习中自主发现问题（信息意识），在讨论中产生共鸣，查找出解决问题的方法（计算思维），在协作中最终共同解决问题（数字化学习与创新），从而培养学生个体在与团体协作中形成良好的文化修养、道德规范和自律责任（信息的社会责任）。

指向性和创新性。新课程标准是编写教材的指南和评价依据，同时教材要运用在教学实践中，是体现课程标准的载体。例如，粤教版的信息技术教材的每章通过项目的形式组织教学内容，我们在运用教材时，可以根据教材的项目范例展开教学，也可以创新性地引入新的项目案例。新案例的产生可以是教师

提出，也可以通过将学生分组并在组内讨论形成符合自身研究特点的案例，从而培养学生协作的综合素质能力。

（二）符合我校教情学情的发展形势

在教情方面，我校共有6位高中信息技术学科教师，教龄结构为：20年以上1人，15~20年有2人，10~15年2人，10年以下1人。其中，6人为全日制计算机专业本科毕业，1人为函授计算机专业本科（见表2-4）。6位教师都经历过课程改革或沿用上一轮改革实施的课程标准和教材，在教学经验方面具备老中青结合的结构特点，科组教研氛围良好，教学过程中形成了传帮带的良好效应。

表2-4　新丰县第一中学信息技术学科教师情况统计

教龄 职称	20年以上	15~20年	10~15年	10年以下	小计
高级	1	0	0	0	1
中级	0	2	2	0	4
初级	0	0	0	1	1
合计	1	2	2	1	6

随着新课标的实行，核心素养导向的课堂教学有序展开，教师的综合能力也需要不断提升。在项目教学中如何了解把握学情，如何引导学生进行有效分组学习是教师需要先行研究的。

在学情方面，我校在高中一年级和二年级共44个教学班开设信息技术相关课程。高一新生信息技术基础薄弱，虽然信息技术的普及已经非常广泛，但是信息技术的发展受到区域经济因素的客观影响，特别是像新丰县山区薄弱学校，有些小学和初中少开设甚至没有开设信息技术相关课程，据调查，我校也有部分高一新生在初中以前确实很少接触信息技术相关的课程。具体情况如图2-7所示。

第6题：你在小学和初中信息技术课程上课情况［单选题］

选项	小计	比例
每周上课	517	49.66%
有时上课	424	40.73%
没有上课	100	9.61%
本题有效填写人次	1041	

图2-7 我校高一新生小学和初中信息技术课程上课情况调查

　　小学和初中信息技术课程开课情况的差异将对高中信息技术课程的教学产生一定影响，如有些学生在计算机使用上已经非常熟练，对计算机软硬件知识也有一定的了解，也有部分学生对计算机的基本操作存在困难（见图2-8）。

第7题：你会熟练使用电脑查找自己所需信息吗［单选题］

选项	小计	比例
会	788	75.7%
不会	253	24.3%
本题有效填写人次	1041	

图2-8 我校高一新生使用电脑熟悉度调查

　　综上所述，有效的分组会让能力、特点、层次不同的学生充分发挥，让组内学习沟通更加活跃，形成良好氛围，促进高效学习。由此我们在组织项目教学过程中，在充分了解我校教情的基础上，在分组时兼顾各方面因素。

二、影响我校项目学习有效分组的因素和消除影响的策略

（一）影响我校项目学习有效分组的客观因素

　　在项目学习中，分析分组是否有效，教师不仅要看学生完成项目学习的结果，而且要考查每一名学生是否有效参与了组内学习活动，并完成了所属角色的任务。下面以我校为例。在分组前，我们需要全面了解学生的基本情况。以某一个班分组为例，通过问卷调查了解到包括本班学生升学来源构成（见图2-9）、性别比例（见图2-10）、性格特点（见图2-11）以及愿意承担参与组内活动角色安排等情况（见图2-12）和异性学生合作学习意愿等（见图2-13），然后进

一步在学生分组过程中留意少数特殊情况，进行适当的引导和干预。

第5题：初中就读学校〔单选题〕

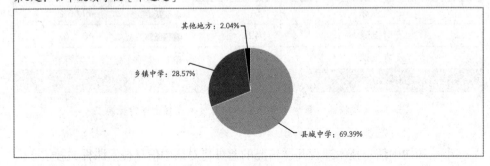

图2-9　某班学生来源调查

第3题：性别〔单选题〕

选项	小计	比例
男	16	32.65%
女	33	67.35%
本题有效填写人次	49	

图2-10　某班学生性别比例

第4题：你认为自己是什么类型的性格〔单选题〕

选项	小计	比例
外向型	18	36.73%
内向型	31	63.27%
本题有效填写人次	49	

图2-11　某班学生性格特点调查

第10题：你认为自己在组内能担任什么样的角色〔单选题〕

选项	小计	比例
组长	3	6.12%
普通组员	42	85.71%
出谋划策者	4	8.16%
本题有效填写人次	49	

图2-12　某班学生组内角色安排调查

第9题：分组学习中你愿意和男（女）同学合作吗［单选题］

选项	小计	比例
愿意	45	91.84%
不愿意	4	8.16%
本题有效填写人次	49	

图2-13　某班学生异性合作学习意愿调查

（二）消除影响项目学习分组因素的策略

根据以上调查的具体情况，教师需要形成简要报告，以便在学生初分组汇总后进行必要调整，如问卷中发现有一些特殊情况的学生。表2-5是某班汇总调查说明。

表2-5　针对某班学生分组前调查结果简要策略

调查项目　　　问题和策略	解决问题的简要策略
学生来源	县城和乡镇学生来源比例接近2∶1，基础还算可以，分组引导城乡比例2∶1
性别比例	男女比例1∶2，注意组内性别合理搭配
性格特点	外向型与内向型比例接近1∶2，特别留意分组时内向学生的去向
角色安排	愿意承担组长角色的不多，分组时让他们分别带一个组
合作学习意愿	极少数不愿意男女同组的，分组时按照自愿+教师单独谈话调配的原则

事实上，有效分组需要一定的策略，除了以上的一些基本因素外，还有其他策略影响着分组的有效性。具体如下。

1. 全班自由组合，控制组内人数

我们班总人数在50人左右，每组安排4～6人。因为项目学习的安排是在一定时间内完成的，所以合作学习需要一定的效率，人少不足以完成任务，人多会形成不干活的情况。另外，组内需要通盘考虑人员结构上的合理性，如信息意识能力、知识认知结构、计算机操作能力，甚至组内感情结构问题，有效发挥组员能动性，顺利开展学习。

2. 教师提出学习目标，组内成员角色清晰、任务明确

课堂教学时间非常有限，项目学习能把时间还给学生，让学生把握主动权，但是为了让学生学习目标更明确，教师在组织项目学习前需要提出学生合作的目标，让每个小组知道自己的任务。如在学习粤教版教材"数据与计算"第一章，体验庆祝国庆多媒体作品的数据域信息处理报告项目范例时，教师首先让学生明确贯穿本范例的学习内容，包括数据及其特征、数据编码、信息及其特征三大块。学生在开展项目学习时，将会涉及这些内容，并要求一并掌握。学生会根据教师提出的目标，在项目学习过程中收集数据，涉及数据类型等知识。

3. 激发学生的好胜心，组员角色清晰、职责分明，促进组内组外良性竞争

让每一个组员都在各自分工规定时间内完成任务，出现问题，组内相互讨论，鼓励踊跃发言，形成解决问题的统一意见。

4. 过程性评价是有效分组的重要部分

良好有序的组织工作是项目学习的前提条件，而过程性评价是评判分组成效的关键。项目学习呈现的结果是评价的重要部分，学习过程评价要与学习结果评价相结合，另外，要把小组整体评价与小组个人评价相结合。

参考文献

［1］中华人民共和国教育部.普通高中信息技术课程标准（2017年版）
　　［S］.北京：人民教育出版社，2018.

［2］余文森.核心素养导向的课堂教学［M］.上海：上海教育出版社，2017.

第 三 章

课题研究是运用科学的研究方法探索教育客观规律的过程，也是通过认识教育规律来提升教师素质、提高教育教学质量的过程，是教师快速成长的有效途径之一，也是教师专业化发展的一个重要平台。

朱静萍工作室自成立以来，充分利用每一次工作室活动时间落实"教研训一体化"培训机制，所有工作室成员和学员都积极开展课题研究，做到"个个有课题，人人都研究"，近5年，工作室主持省级课题4项、市级课题20多项。在课题研究中，大家经常地、积极地、主动地收集有关教育教学改革和教育科研的前沿信息，并对收集的信息进行分析、加工、处理，扬长避短，汲取精华，在不断接受新事物、收集新信息、创造新方法的过程中，提高了信息素养。通过学习教育科研理论，研究新问题，选用新方法，探索新知识，了解教学发展趋势，掌握教育规律，提高运用教育理论分析研究问题的能力和教育教学能力。通过课题研究，增强了大家的改革意识，培养了大家的奉献进取精神和科学严谨的工作态度，更新了教育理念，形成了科学的教育思想以及终身学习的能力，促使工作室全体成员和学员不断向研究型、专家型教师转变。

课题研究

"利用微课提高信息技术课堂教学效率的实践研究"教改实验方案

广东省韶关市田家炳中学　黄晶晶　朱静萍　杜德金

一、课题的提出

　　新课程标准指出："要改革课程实施过于强调接受学习、死记硬背、机械训练的现状，倡导学生主动参与、乐于探究、勤于动手，培养学生收集和处理信息的能力、获取新知识的能力、分析和解决问题的能力以及交流与合作的能力。"可见，信息技术教师的工作已经不是简单地把书本上的知识内容传授给学生，而是要在教的过程中让学生体会到学习的乐趣，激发学生的学习积极性。在传统的信息技术教学中，师生立足课堂，用传统的传授知识模式，如教师讲授，布置学习任务，小组讨论和传统的教学媒体（如文字、图片等）来组织教学活动，在信息技术快速发展的今天，信息技术教学传统的教学模式显然已不能完全满足现代教学的需要。在新的教育形势下，作为教育工作者，要顺应时代要求以及社会发展，以培养创新型人才为目标，改变现有的教育教学模式，探索新的教学方法，有效组织教学活动，从而提高学生的学习兴趣和学习效率，这将成为信息技术教师的首要任务。从近几年的教学实践中我们不难发现，在传统课堂教学中总是会存在一部分学生掉队，而在当今小班化还无法完全实现的条件下，这部分学生的学习困难就可以通过微课学习资源来解决。探索基于微课的信息技术教学模式，充分利用碎片化时间让学生进行个性化选择正是在这一需求下应运而生的。由此可见，选择"利用微课提高信息技术课堂教学效率的实践研究"十分必要，它对于探索新教学模式、提炼优质资源、有效改进教学方法、解决教学中的重难疑点、提高课堂教学效率、保障全体学生综合素质全面提高、促进我校跨越式发展具有十分重要的现实意义。

二、国内外研究及实践现状

1. 国内的研究及实践现状

在国内，有区域教育研究者、高校学者、一线教师等对微课程进行了研究或实施。广东省佛山市教育局教育信息网络中心的胡铁生老师率先提出了微课的概念：微课是根据新课程标准和课堂教学实践，以教学视频为主要呈现方式，反映教师在针对某个知识点或环节的教学活动中所运用和生成的各种教学资源的有机结合体。广州大学教育学院的田秋华副教授基于对微型课程的内涵及实践分析，将其定义为：基于学校资源、教师能力与学生兴趣，以主题模块组织起来的相对独立与完整的小规模课程，具有短、小、精、活的特点，适用于学校教育的各个阶段及各种课程类型。另有研究者认为，微课是国内研究者对"微课程"这一术语的新解读，使其更加本土化，更为国内教育教学所接受，同时，其资源组织方式也满足了随时随地进行移动学习的需求。当然，最为广大一线教师所广泛接受的认识是微课程是一线教师自行开发、时间在5分钟左右的微小课程，源于教师的教育教学实际，为教师所需，为教师所用，解决了工作中的棘手问题；微课程不仅仅是一种工具，更是一种教师成长的新范式。

2. 国外的研究及实践现状

在国外的研究中，与"微课程"有关的名词有"Minicourse""Microlecture""Microlesson"等，但其对"微型课程"的研究取向不完全相同。如美国依阿华大学附属学校于1960年首先提出微型课程（Minicourse），也可称短期课程或课程单元；新加坡教育部于1998年实施的Microlessons研究项目涉及多门课程领域，其主要目的是培训教师可以构建微型课程；2004年7月，英国启动教师电视频道（www. teacher. tv），每个节目视频时长为15分钟，频道开播后得到教师的普遍认可；2008年秋，美国新墨西哥州圣胡安学院的"一分钟教授"戴维·彭罗斯（David Penrose）因首创了影响广泛的"一分钟的微视频"的"微课程"（Microlecture）而声名远播，其核心理念是要求教师把教学内容与教学目标紧密地联系起来，以产生一种"更加聚焦的学习体验"。

微课是教育新潮流，强势来袭，引起了各级各类学校的关注，虽然时间不长，但是有很多研究机构和各级各类学校投入研究，目前属于初始阶段，它的应用还需要在教学实践中不断尝试与拓展。

三、课题的核心概念及其界定

微课是指以视频为主要载体，记录教师在课堂内外教育教学过程中围绕某个知识点（重点、难点、疑点）或教学环节而开展的精彩的教与学活动全过程。其核心组成内容是课堂教学视频（课例片段），同时还包含与该教学主题相关的教学设计、素材课件、教学反思、练习测试及学生反馈、教师点评等辅助性教学资源，它们以一定的组织关系和呈现方式共同营造了一个半结构化、主题式的资源单元应用"小环境"。

微课既有别于传统单一的教学课例、教学课件、教学设计、教学反思等资源类型，又是在其基础上继承和发展起来的一种新型教学资源。对于教师而言，最关键的是要从学生的角度去制作微课，而不是从教师的角度去制作微课，要体现以学生为本的教学思想。

信息技术教学在这里特指中学信息技术教学，是指教师按照信息技术课程标准和教学内容精心组织的学习活动，其目的是培养学生运用计算机与网络等信息技术工具的知识和能力，运用信息技术工具对各种信息源进行综合处理与创新的能力，即提高学生的信息素养。

四、课题的理论依据

1. 心理学认知理论

心理学认知理论认为，人的五大感官就其在学习上的比例而言，视觉要占学习总分的83%，听觉占11%，嗅觉占3.5%，肤觉占1.5%，味觉占1%，用微视频作为现代教学媒体，为开发人的94%的学习潜能提供了有利的硬件，这对于教师在信息技术教学中优化运用微视频技术，获得最佳教学效果提供了实际操作的可能性，也是我们信息技术教师实施素质教育，为教学增能提效的一个新的生长点和着力点。

2. 建构主义学习理论

建构主义学习观认为，学习是学生自己建构知识的活动，这种建构有利于知识技能的迁移和思维能力的培养，是无法由他人取代的；学习是学生主动建构知识的过程，学生不是简单被动地接收信息，而是主动对外部信息进行选择、加工和处理，去粗取精，去伪存真，从而达到获得知识的目的。

3. 教育主体论

教育主体论认为，在教育活动中，教师与学生、教与学双方是互构互生而良性互动的。一种理想的教学模式不是以教师为主体、以学生为客体的单向灌输，而是二者互为主体的双向讨论、交流和沟通。教师在教给学生知识的同时，也从学生那里汲取知识和能量。

4. 系统论、信息论、控制论

系统论认为，由各要素构成的有序的、开放的系统功能大于各部分功能之和。利用现代信息技术可以有效整合教与学的资源、校内资源和校外资源、教学资源和其他社会资源，促进学生生动、和谐发展，促进教师素质的不断提高。控制论和信息论的反馈原理告诉我们：任何系统只有通过反馈，才能实现有效的控制，教师必须通过学生的口头回答、面部表情、眼神动作等反馈信息及时了解学生对知识的理解程度，从而及时调控教学行为。

五、研究目标、内容、重点及创新之处

1. 研究目标

（1）本课题以微课作为媒介，通过探讨课堂教学中利用微课资源的实践研究，促进"学讲方式"课堂教学的改革，从而提高课堂教学效率，增强教学的有效性。

（2）通过实践和研究，促使微课逐渐成为学生自主学习的最佳工具，提高学生的学习兴趣，挖掘学生的学习潜能，从而促进学生的发展。

（3）通过实践和研究，认识到微课对学生学习方式的影响和改变，提高学生在微型学习、碎片学习和移动学习中的实效性。

（4）通过实践和研究，形成有价值的、适合本校信息技术学科课堂教学的微课。

（5）通过实践和研究，提升教师的教学能力和教科研能力。

2. 研究内容

（1）微课制作的策略研究。

（2）微课资源在中学课堂教学中的创新性应用。微课资源作为一种手段，在中学课堂教学中如何充分利用，创设更多机会让学习者积极主动学习，为教学模式创新提供基础，成为提高教学效率的途径之一。

（3）微课资源对学生自主主动学习方式的影响和改变。如何发挥微课资源学习中的作用，提高学生在微型学习、碎片化学习和移动学习中的实效性。

（4）微课与信息技术教学深度融合的案例研究。

3. 研究重点

（1）通过本课题研究，探讨微课教学的可行性，同时将微课与信息技术教学深度融合，凸显学生学习的主体性，希望通过微课教学，进一步推进信息技术的课堂教学改革，提高信息技术课堂教学的有效性，推动课程改革持续、深入发展。

（2）微课资源在中学课堂教学中的创新性应用。

（3）微课资源对学生自主主动学习方式的影响和改变。

4. 课题研究的创新之处

革新教师原有的教学模式、定向思维；革新学生的学习方式，初步建立有效学习、教师有效教学的教师实践体系；最大限度地减少教师的讲授和最大限度地满足学生自主发展的需要；尽可能做到让学生在活动中学习，在主动中发展，在合作中增知，在探究中创新。形成我校高中信息技术有效教学模式，并能在一定范围内推广。

（1）提高课堂教学效率一直是我校致力探索的，如何把微课这种新事物应用于构建高效课堂是一种新尝试。

（2）我校已经把微课广泛地向全校教师进行了宣传，把微课应用到信息技术课堂上，从而为构建高效课堂发挥积极影响。

（3）有不少信息技术教师已经制作了一些微课，如在此基础上不断探索，定会对营造课堂氛围发挥很大作用。

六、课题的研究方法、实施步骤与采取措施

（一）课题的研究方法

课题采用综合方法进行研究，即根据不同阶段的要求，将调查研究法、案

例分析法、行动研究法、经验总结法等科学研究方法综合运用起来，以期达到最佳研究效果。

有关具体方法的介绍详见"在程序设计课堂进行学生计算思维培养的策略研究"研究报告相关内容。

（二）课题的实施步骤与采取措施

第一阶段：准备阶段（2015年7月—10月）

这一阶段的主要工作：申请立项，筹备开题。

（1）确定课题，组建课题组，制定课题研究的过程性细则，明确各阶段、各成员的研究内容和要求，撰写课题研究方案。

（2）做好理论储备工作，加强理论学习，积极进行课题实施前的培训。

（3）通过问卷调查、学生和教师个别访谈，了解当前中学生在学习中的难点和薄弱点，分析将微课融入中学教学的可行性及优势。

（4）针对课题提出可操作的对策研究，并加入或组建网上QQ群进行网络交流。

第二阶段：实施阶段（2015年11月—2017年4月）

这一阶段的主要工作：全面启动，深入研究。

（1）结合理论学习，各成员尝试制作微课，在实践中，各成员加强交流，通过学习、实践、反思，再学习、再实践、再反思，不断提高微课设计的理论水平和实践能力，并抽象出具有一定理论水平的学科微课设计的方法和策略。

（2）实施微课在中学常规课堂教学中的应用，通过实践，提高应用的针对性和实效性，并通过深入课堂，开展听课、评课等多种形式的交流与实证研究活动。

（3）指导学生在学习中使用微课资源，提高学生在微型学习、碎片化学习和移动学习中的实效性。

（4）针对前期的实践研究过程，结合前期的对策研究方案，并邀请专家进行指导，不断完善本课题的研究方案，收集典型微课案例、教学案例和学生学习案例。

（5）定期组织和开展课题的总结汇报工作，通过交流完善研究过程，不断反思，提升研究的层次和水平。

（6）认真收集本课题研究的过程性资料，有效分析数据，及时发现问题，改进研究策略，总结阶段性研究成果。

第三阶段：总结阶段（2017年5月—7月）

这一阶段的主要工作：整理成果，准备结题。

收集整理本课题研究的数据资料，并进行分析、总结，分类整理课题研究过程资料，撰写课题研究报告，召开课题研究总结会，做好结题工作。

七、研究工作进度和预期研究成果及形式

研究工作进度和预期研究成果明细表见表3-1。

表3-1　研究工作进度和预期研究成果明细表

序号	研究阶段（起止时间）	成果名称	成果形式
1	2015年7月—9月	项目实施方案的设计	论文
2	2015年9月—10月	调查问卷的设计和访谈的完成	问卷和调查报告
3		微课技术和专业素养培训	论文、反思、随笔
4	2015年11月—2017年4月	微课的设计和制作	微课视频
5		微课在课堂中的应用与反馈	论文、反思、随笔
6	2015年5月—2017年7月	撰写结题报告	论文

"基于网络学习社区下信息技术教与学的有效性研究" 教改实验结题报告

广东省韶关市张九龄纪念中学　潘跃云

一、实验课题的提出

信息时代的到来对当代社会生活方式产生了深刻影响，"互联网+"理念已经为人们所熟知。以网络为代表的现代教学技术迅速参与并改变着我们的教育教学，影响着课堂的各个方面，给传统的课堂教学带来了巨大冲击。网络教学的特点是：资源共享、交互性强、多任务。多媒体网络教学的优势是：在网络教学模式下，教师授课不再是个人行为，而是集体智慧的结晶，丰富生动的教学资源、友好的人机界面能充分调动学生学习的主动性和积极性，提高学生课堂的学习效率，提高教学质量和教学效率；提供一个自主学习的学习环境，在教师指导下，学生自己动手查找资料、分析归纳、得出结论，有利于实现因材施教的个别化教育，提供了"实现人的发展的个性化"的可能性；能充分体现以教师为主导、学生为主体的教学思想，促进教学方法和教学模式的改革；网络教学有助于师生计算机基本知识和基本操作技能的培养，提高师生教育技术素质和能力，适应21世纪网络信息时代的要求。实施网络教学还将推动教学资源和教学环境建设。应用多媒体网络教学必将引起教学过程的根本性改变，也必将导致教育教学思想、观念、理论的深刻变革。

信息技术的广泛应用使学生自主学习成为可能，教师应成为学生学习的组织者和协调者。对于给定的学科内容，学生不仅通过教师，还可以通过互联网、小组讨论、调查访问等多种途径进行学习。教师不再只是讲授，而应广泛收集各种分散的学习资源、学习信息，逐渐形成一种组织、协调、支援学生学习的网络系统，指导学生借助网络实现对知识的探索，培养学生信息的获取、处理、创造、表现的能力，实现学习发现、问题解决和能力创新的现代教学目标。

随着网络教室的建立、校园网络的完善，如何将网络技术有效地运用于教学中，构建新型的课堂教学模式，是大家共同面临的重要课题。我们应大胆地改革创新，优化网络资源，构建开放而高效的课堂教学模式；应依托现代教育技术，利用丰富的网络资源，实现富有活力的教学方式。

二、实验课题的研究背景

20世纪90年代中期以后，日本、美国、加拿大等国已开始将信息技术内容整合到中小学各科的课程中，使信息技术基础知识与能力的培养和各学科教学过程紧密结合起来，并取得了良好的效果，在网络资源利用方面处于国际领先水平。

在国内，近年来，随着网络技术的迅猛发展，互联网的普及与应用为教育架起了一个无限开放的平台。2010年，中共中央、国务院印发《国家中长期教育改革和发展规划纲要（2010—2020年）》，提出了加快教育信息化进程的目标，其中提到"信息技术对教育发展具有革命性影响，必须予以高度重视""加强优质教育资源开发与应用，加强网络教学资源库建设""强化信息技术应用。提高教师应用信息技术水平，更新教学观念，改进教学方法，提高教学效果。鼓励学生利用信息手段主动学习、自主学习，增强运用信息技术分析解决问题能力"。

随着教育改革的深入，网络学习社区已越来越广泛地运用于学校教育教学之中，并扮演着越来越重要的角色。基于网络学习社区的教育作为一种崭新的教学资源，逐渐在教学中普及和应用，一部分学校已经开始研究如何利用网络改革课堂教学模式，并取得了一定的研究成果。但从整体而言，仍远未发挥网络课程的最大优势，研究尚处于初级阶段，急需对如何在网络环境下提高课堂教学的有效性做进一步探索和深入研究。本课题的实施对于深化信息技术教学改革、推进网络学习社区教学资源的应用、转变教学模式、促进教育观念的转变具有一定的作用。

基于以上认识，结合我校信息技术教学的实际情况，我们提出了"基于网络学习社区下信息技术教与学的有效性研究"实验研究课题。

三、实验的理论依据

（一）建构主义学习理论

建构主义观点是由瑞士心理学家让·皮亚杰（Jean Piaget）于1966年提出的。建构主义理论认为，学习不是由教师把知识简单地传递给学生，而是由学生自己建构知识的过程。学生不是简单被动地接收信息，而是主动地建构知识的意义，这种建构是无法由他人来代替的。

建构主义学习理论认为，知识不是通过教师传授得到的，而是学习者在一定情境（即社会文化背景）下，借助他人（包括教师和学习伙伴）的帮助，利用必要的学习资料，通过意义建构的方式而获得的。建构既是对新知识意义的建构，同时又包含对原有经验的改造和重组。强调以学生为中心，要求学生由外部刺激的被动接受者和知识的灌输对象转变为信息加工的主体、知识意义的主动建构者；要求教师要由知识的传授者、灌输者转变为学生主动建构意义的帮助者、促进者。

（二）现代教育技术、心理学、教育学理论

教育传播媒体理论认为，媒体是信息的载体。随着科技的发展，开发的各种教学媒体具有不同的教学特性与功能，没有一种超级媒体能取代其他媒体。教育传播过程是一种非常复杂的动态过程系统。我们首先要把这一复杂过程分解为若干个组成要素，然后分别研究，找出这些要素的性质、功能和它们之间相互作用的关系，最后用理想化、简约化的形式表示出来，就成为教育传播过程模式。用这一理论就能正确指导我们去设计、开发或运用一种新型的教学模式。

（三）多元智能理论的教学观

多元智能理论是美国哈佛大学心理学教授加德纳（Gardner）在1983年提出的，该理论的教育评价观主要有以下几点。

1. 强调情境化评价

多元智能理论认为，应将评价融于课程与教学的实际情景中，真实而敏锐地反映学生的发展水平和轨迹，使评价成为学生学习过程中自然而然的一个环

节，而不是学习的负担。

2. 强调以"个体为中心"的评价

多元智能理论认为，教学评价应以"个体为中心"的方式进行，而不是以课堂和书本为中心，评价应该是持续的、动态的，而非间断的、静态的。评估方案应该考虑个体之间的差异，要让学生学会找出自己的强项，追寻他们自己喜欢、有可能成功的领域，以产生良好的自信心。在日常教学中，对学生学习的评价应该做到课内和课外相结合、阶段性评价和日常行为考查相统一，这样才能刻画出学生的成长轨迹。

3. 强调评价结果的激励性

加德纳指出，评价的重要功能之一在于为评价双方提供有益的反馈信息，评价不是终结性地反映学习，而是不断强化学习；评价应是一个增加学生学习信心、强化学习动力及重视学生学有所成的机会。评价信息可使学生清楚自己的智能类型和发展状况，并促使他们采取有效措施来开发自身潜能。

4. 强调多元化评价

多元智能理论认为，人的智力不是单一的能力，而是由多种能力构成的，那么，学校的评价指标、评价方式也应多元化，并使学校教育从纸笔测试中解放出来，注重对不同学生不同智能的培养。

多元智能理论强调的多元化评价方式如下。

（1）评价主体多元化。主张评价可由教师、学生、其他同学及家长来进行，力求从各个方面反映出学生学习及发展的真实水平。

（2）评价内容多元化。强调考查学生更为广泛的能力，突破了仅仅对学生学习成绩的关注。

（3）评价方式多元化。主张采用实作评价、口头评价、过程评价、卷宗评价等方式。

建构主义与多元智能理论的教学评价观走出了传统教学中只重视甄别功能的误区，为建立网络环境下的学习社区平台提供了重要的理论依据。

建立基于网络环境下的学习社区可以实施建构主义与多元智能理论倡导的评价方式，一方面改变了以往学生被动学习的局面，通过网络学习社区构建新型的学习环境，引导学生学会获取、分析、处理、应用、发布信息，学会自主学习、协作学习和研究性学习，培养了学生探索未知世界的积极态度和科学精神，促进了学生整体素质的全面和谐发展；另一方面也转变了教师的教学理念，提高了教师现代教育技术的能力，转变了教师的教学观念、行为，教师能更高效地运用网络资源，更有效地突出重点、突破难点，提高教学效果，逐渐成长为一名高素质的创新型教师。

根据建构主义及现代教育技术、心理学、教育学理论与多元智能理论倡导的教育教学基本原则，建立网络学习社区，更能关注学生的实际发展，构建良好的教学环境与和谐的师生关系，鼓励学生参与知识的建构，倡导学生合作学习，挖掘各种潜力，尊重学生个性，发挥学生特长，帮助学生形成特色，激励学生在探究实践中不断创新。

四、实验的实施计划

1. 实验对象

韶关市第二中学（实验学校）一个教学班

2. 实验时间（2013年9月—2015年7月）

第一阶段：准备阶段

时间：2013年9月—2014年1月

任务：

（1）拟订和安排实验计划。

（2）查询网络学习社区的相关资料，组织实验人员进行学习和探讨；确定网络学习社区的各功能模块和教学资源库建设方案。

（3）根据我校实际教学情况和实验需要，自主开发信息技术网络学习社区，为实验的进行提供软件支持；课题组成员进行教学资源资料的收集工作，根据实际教学需要，分类分批上传教学资源；做好其他前期准备。

第二阶段：实验研究阶段

时间：2014年2月—2015年2月

任务：

通过"研究、实践——总结、反思和反馈——调整、改进——再研究、再实践"的循环途径，发现、探讨和解决基于网络学习社区如何提高信息技术教学的有效性。

（1）在信息技术新教材和新大纲的指导下，课题组共同探究基于网络环境下的信息技术有效课堂教学方式，收集相关成果案例进行学习、研究。

（2）在实验班开展实验教学活动。充分利用网络环境，激发学生的学习兴趣，帮助学生逐步提高学习效率和自主学习的能力。对选择、发现的有效教学方式进行实践检验，调查、测量其有效性和对学生发展的价值。

（3）定期组织交流研究的经验和体会，定期上研讨课、展示课，不断总结经验和完善研究计划，探究基于网络学习社区下提高信息技术课堂教与学有效性的途径和方法。

（4）在每个学期末，通过案例分析、数据跟踪、问卷调查等，对本学期的实验进行评估、反思和小结。

（5）通过举行全市性或区域性的专题公开课，对基于网络教学社区提高信息技术课堂有效性的教学方式和方法进行更广泛的研讨，收集更多的反馈意见和建议。

（6）进行了若干阶段实验并取得初步成效后，写出阶段性的中期实验报告。

第三阶段：总结阶段

时间：2015年3月—7月

任务：

（1）选编课堂实录、典型教案（教学设计）等。

（2）总结、撰写终结性实验结题报告和论文等。

五、实验的目标

（1）通过本课题的研究与实践，探索基于网络学习社区下信息技术有效的课堂教学新模式。

（2）通过本课题的研究与实践，让学生学会利用网络学习社区提供的新型学习环境，获取、分析、处理、应用、发布信息，学会自主学习、协作学习和研究性学习，从而培养学生探索未知世界的积极态度和科学精神，进而促使学生整体素质的全面和谐发展。

（3）提高教师素质。通过课题研究，教师掌握如何利用网络资源，更有效地突出重点、突破难点，提高课堂教学效益；通过课题研究，提高教师现代教育技术的能力，转变教师的教学观念、行为，提高教师的教育科研水平，从而成为高素质的创新型教师。

六、实验的实施过程

第一阶段：实验准备阶段（2013年9月—2014年1月）

主要工作：明确研究方向，做好前期准备工作。

2013年9月—2014年1月，接题，选题，成立课题组，教情学情的前期调查，完成硬件配置，搭建信息技术网络学习社区等工作。具体如下。

1. 召开务实的开题报告会

2013年9月，课题组召开了开题报告会。课题组全体成员共同分析课题提出的背景和国内外同类问题研究现状，进一步明确了课题的研究意义、研究目标、研究内容、研究对象。会议还重点讨论安排了课题组成员的具体分工，强调课题组成员既要分工，又要合作，形成团结互助的团体。

2. 制订详尽的课题实施方案

在暑假即将开始前，课题组成员讨论研究并制订了课题实施方案。从硬件、软件、人力资源等方面，认真分析了我校的研究条件，确定采用行动研究法，即采取理论与实践相结合，边研究、边实验、边推广的滚动式方法开展课题研究，并提出了课题研究的预期成果。

3. 对网络学习社区进行需求分析

为了更好地保证教师和学生利用网络资源开展日常教学，课题组教师充分利用学校提供的硬件设施和教师所掌握的网络技术，结合本校实际和学生学习特点，自主搭建信息技术网络学习社区，给予信息技术日常教学更多的技术支持。在搭建网络学习社区的过程中，我们首先以问卷的方式进行了前期调查研究。

（1）调查目的与调查对象

调查目的：确定学习社区的功能模块及内容定位。

调查对象：浈江区各中小学的信息技术教师、区教研员，部分市重点中学信息技术教师、学生和部分家长。

（2）调查内容

在问卷设计过程中，为了让调查结果更客观、更有参考价值，我们对问卷进行了多次调整，对不同的调查对象采用了不同的调查问卷，有针对性地进行调查。如信息技术教师的问卷主要集中在学习社区的各功能模块和定位方面，学生的问卷主要集中在学习的资源和内容方面，家长的问卷主要集中在学生的成绩查询和学习评价反馈方面。

（3）形成调查报告

根据调查结果，制订课题的实施方案，并讨论方案的可行性。

4. 搭建信息技术网络学习社区

在确定了学习社区的需求之后，课题组教师依据问卷调查结果，通过不断的检测和调试，在掌握大量的实验数据和反馈信息的基础上，排除各种困难，自行搭建了信息技术网络学习社区平台。

该学习社区不同于其他网站，它重点在于突出教师的引导和学生的自主学习功能。希望学生能够通过学习来预习、学习和复习相应的信息技术课程，同时开阔视野，提高信息素养。还可以对所学课程进行自测来检验学习效果，学生可以在网站上展示自己的学习成果，同学之间可以相互评价，教师和学生可以在网站上相互讨论。教师可以上传学习资源，制定评价标准，发布主题学习任务，并进行批改作业、答疑、汇总学生成绩等操作；学生可以在线学习、下载资源、学习讨论、相互评价等。学习社区主要功能模块如图3-1所示。

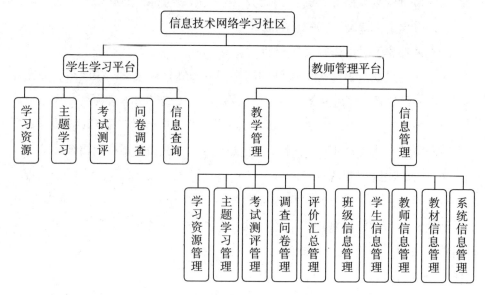

图3-1　学习社区主要功能模块

更多的学习社区各功能模块截图可浏览相关附件内容，也可试用该社区网站（见图3-2）。

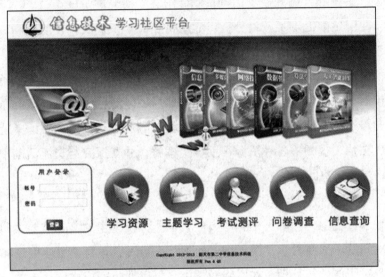

图3-2 信息技术学习社区平台首页截图

5. 信息技术学习资源的开发与利用

搭建信息技术学习社区是为了让学生更好地利用网络学习资源获取、分析、处理、应用、发布信息，学会自主学习、协作学习和研究性学习。要改变过去信息技术课堂教学教师重知识传授、轻学生自主学习和探究的弊端，就必须开发和利用信息技术学科本身所拥有的丰富的教学资源，以拓展学生的学习空间，增加学生对信息技术知识的感悟，从而达到主动参与、乐于探究、勤于动手、勇于交流与合作的学习目的。这些资源包括文字、声音、视频、动画、实物，可通过教材、课外书籍、网络、学校、家庭和社会等多种渠道获得，甚至可以通过学生课堂动态生成。

学习资源的开发与利用是整个教改课题中的关键一环，那么，如何才能更好地开发和利用信息技术课堂教学资源呢？我们从以下几个方面进行尝试。

（1）依托教材，充分开发利用教材本身的资源

课堂教学资源是为课堂教学服务的，选用什么样的资源，首先要以每节课的教学目标为依据。教学目标的重要载体是教材，教材是最重要的课堂教学资源，它体现了课程理念和课程标准的要求，是教学活动最重要的因素，是师生

教和学双边活动的重要依据。

以浙教版的高中信息技术教材为例，出版社除了提供教参、教学光盘、优秀教学设计等资源，还开通了信息技术课程教学研究网（http：//www. 51itedu.com/），在网站中提供了教材分析、活动指导、知识扩展、技能提高、补充练习、课程整合等大量的教材资源。

我们要善于发现和利用教材本身蕴含的丰富的课堂教学资源，在备课时要反复阅读教材，把握教学的重点与难点，然后锁定教材中提供的有利于突破教学重点与难点的资源，在课前布置学生对教材内容进行预习，在课堂上充分利用文字、图片、视频等各种资源帮助学生理解，并在探究与交流活动中让学生利用网络资源解决问题。

（2）拓展教材，生成作品资源

在教学过程中，教师可根据本人的教学能力及学生的实际需要大胆对教材进行二次开发。如在教学"图形图像处理"一节时，教材主要使用Photoshop的裁剪工具对图像进行处理，在实际教学中，可以通过完成主题任务的方式，将Photoshop中的常用工具如移动、选取、自由变换、文字、色彩的调整、滤镜等一并介绍给学生，并指导学生学以致用，制作出属于自己的作品。潘跃云老师设计了"制作个性班牌"的教学活动。制作班牌是我们学校的传统项目，学生对制作班牌也是跃跃欲试，潘老师将往届学生制作的优秀班牌作为教学资料展示给学生，让他们自己去探究这些作品的制作方法，而教师提供相应的学习资源，并在适当的时候给予学生帮助和指导。实践证明，比起完成书本上的练习，学生对这种综合应用与自我创作相结合的学习方式更感兴趣，学到的知识更真实，效果更好。在教学完成后，每个班都设计出很多具有本班特色的班牌，而对于这些有特色的作品，教师要及时收集，作为以后的学习资源。

（3）了解学生风格，开发不同资源

教学问题的产生源于教师教的风格和学生学的风格不匹配，学生学习的风格偏好有视觉型、听觉型和视听觉型，教师的教学偏好在课堂上只有一种，必然存在着与部分学生的风格偏好不一致。解决方法是针对不同的风格偏好开发和利用教学资源，让学生进行自主学习。学生不同的风格偏好将决定哪种媒体对其是最有效的。例如，对于视觉型的学生来说，或许只要我们将操作步骤截图向其呈现，他就可以掌握了。但对于听觉型的学生来说，我们就需要将操作步骤做成视频，一边做一边讲解，这样他才能掌握。我们在准备教学资源时，应充分考虑到这一点，这样才能兼顾各个层次的学生。

（4）丰富学习资源，提供典型范例

在教学中，教师一定要创设情境使学生乐学，但前提是要有丰富的学习资源做支撑。为了让学生在有限的时间内高质量地完成实践内容，还需要提供大量的素材，这些都需要课前设计、准备，做到范例要典型，样例要丰富多彩，素材要精挑细选。如在制作《学生青春纪念册》时，一定要有典型的纪念册范例，还要有丰富的创意独特、应用各种技术的样例，以及大量与学生日常学习生活相关的照片、各类线条、边框、图标等图片素材。

我国《基础教育课程改革纲要（试行）》指出："改变课程实施过于强调接受学习、死记硬背、机械训练的现状，倡导学生主动参与、乐于探究、勤于动手，培养学生搜集和处理信息的能力、获取新知识的能力、分析和解决问题的能力以及交流与合作的能力。"学生首先是利用课堂教学资源的主体，应发动学生参与其中，并在开发和利用资源的过程中培养信息才智。在教学资源相对匮乏的情况下，仅靠教师去收集资源，其力量毕竟有限，教师应和学生一道，不盲目，不等待，树立主动收集的意识，了解开发和收集资源的途径与方法。教师应引导学生参与收集各式各样的教学资源，并指导学生在收集的过程中去"研究"，根据一定的任务，有目的、有计划地收集，并学会分辨、筛选、分类、检索和使用，在开发和利用的实践中形成能力。

第二阶段：实验研究阶段（2014年2月—2015年2月）

1. 研究网络环境下信息技术教学新模式

在网络教学模式下，依托信息技术学习社区，教师授课不再是个人行为，而是集体智慧的结晶，丰富生动的教学资源、友好的人机界面能充分调动学生学习的主动性和积极性，提高学生课堂的学习效率，提高教学质量和教学效率；网络技术的完善为学生学习的自主性与开放性提供了集成化的信息处理环境和具有交互功能的数据库资源，为学生提供一个自主学习的学习环境。在教师的指导下，学生自己动手查找资料、分析归纳、得出结论，有利于实现因材施教的个别化教育，提高了"实现人的发展的个性化"的可能性；能充分体现以教师为主导、学生为主体的教学思想，促进教学方法和教学模式的改革；网络教学有助于师生计算机基本知识和基本操作技能的培养，提高师生教育技术素质和能力，适应21世纪网络信息时代的要求；同时还能推动教学资源和教学环境的建设。应用多媒体网络教学让教学过程发生了根本的改变，也让教师的教育教学思想、观念、理论得到深刻变革。

课题组成员根据《国家中长期教育改革和发展规划纲要（2010—2020年）》中对学生信息素养的目标、《普通高中信息技术课程标准（实验）》对中学生课堂教学的要求以及我校信息技术教学实际，探寻在网络环境下提高教与学有效性的学习新模式。

2. 学习社区在信息技术教学中的实践应用

随着网络技术的不断普及以及信息技术的广泛应用，在信息技术学习社区的支撑下，学生自主学习成为可能，教师应成为学生学习的组织者和协调者。对于给定的学科内容，学生不仅通过教师，还可以通过互联网、小组讨论、调查访问等多种途径进行学习。教师不再只是讲授，而应广泛收集各种分散的学习资源、学习信息，逐渐形成一种组织、协调、支援学生学习的网络系统，指导学生借助网络实现对知识的探索，培养学生对信息的获取、处理、创造、表现的能力，实现学习发现、问题解决和能力创新的现代教学目标。

在本研究阶段，具体工作如下：

（1）重视课题研究骨干教师的培训和队伍建设，不断提高教师的信息素养

研究队伍的整体水平是课题研究高质量完成的重要保证。课题组教师应定期组织交流研究的经验和体会，积极参加各种教育教学培训学习，提高自身的信息素养和理论水平。2015年4月，受韶关市教育局的特别指定，课题组成员潘跃云老师参加了韶关市首批信息技术骨干教师培训，增强了研究队伍的素质。2015年4月17日，课题组教师聆听了广东省教育技术中心发展研究部主任林君芬博士的讲座《从互联走向互联+》，了解了广东省教育信息化融合之路，学习了使用互联网思维去思考教育的问题，对课题的研究有了更深入的理论指导。

（2）依托网络学习社区，开展实验教学活动

在实验班开展教学实践活动，我们充分利用网络环境，激发学生的学习兴趣，帮助学生逐步提高学习效率和自主学习的能力。对选择、发现的有效教学方式进行实践检验，调查、测量其有效性和对学生发展的价值。实验班利用网络学习社区完成了信息技术必修1和选修3的模块学习，共参与主题学习活动32个，浏览学习资源5000多人次，参加了两次模块考试以及多次考试测评，参与

了两次问卷调查，设计的作品超过1G容量。

在每个学期末，通过案例分析、数据跟踪、问卷调查等，对本学期的实验进行评估、反思和小结，并撰写教研论文和教学设计。

（3）对学习社区的建设进行阶段性的总结

学习社区每试用一段时间以后，都会向教师、学生等用户发放调查问卷，根据他们反馈的意见和建议，对社区平台进行相应的修改、补充和完善。第一阶段对学习资源按信息技术模块来分类，并补充了资源检索功能，方便用户搜索学习资源。第二阶段对主题学习模块进行了重新设计，由任务描述、资源链接、作业上传、评价反馈四个部分组成，更好地引导学生开展自主学习。第三阶段对学习评价和考试测评成绩的分数换算进行了调整，优化了算法，更科学、客观地反映学生在整个学习活动中的表现。此外，针对个别课件存在的问题，课题组成员都进行了补充和完善。

（4）举行专题公开课，加强学科交流

自开题以来，课题组成员立足课题研究，定期加强同兄弟学校之间的交流，探索网络学习模式的新途径和新方法。每个学期都会围绕本课题举行全市性或区域性的专题公开课，对基于网络教学社区提高信息技术课堂有效性的教学方式和方法进行更广泛的研讨，收集更多的反馈意见和建议。浈江区教研员带领区信息技术教师多次参加听课评课活动，并且对我校的课题研究提出了富有建设性的指导意见。

第三阶段：总结阶段（2015年3月—7月）

这一阶段的主要工作是对信息技术学习社区网站的资源、结构、成果进行整理，论证总结，撰写课题研究报告，汇编研究成果，接受上级领导和专家对本课题的评审验收。同时进一步推出一批优秀课例、优秀教案、论文、课件及其他成果。

七、实验效果与分析

在两年的研究实验中，课题组全体教师积极参与，经过不断努力，课题研究达到了预期的效果。通过研究锻炼了教师队伍，提升了教师教学科研水平，改变了以往以教师讲授为主的教学模式，切实提高了课堂教学的有效性。

课题的实验成果主要表现在以下几个方面。

（一）开发了具有实用性、交互性、多元化的信息技术学习社区

课题组根据对浈江区及部分市属中学信息技术教师的调查，结合学校及学生实际，本着学习社区要为信息技术教学服务的原则，确定了社区平台简洁、实用、易操作的设计风格。课题组在设计之初就把实用性和动态化放在首要位置，并着手研究学习社区的应用、内容选择和功能定位、支撑条件的建立等。

开发信息技术学习社区平台，一是为了给学生创造一个自主学习的环境，学习社区有丰富生动的教学资源、友好的人机界面、快捷的交互功能，集成了学习资源、主题学习、考试测评、问卷调查和信息查询五大模块，为学生的信息技术课程学习提供了一系列完整的技术支持，能充分调动学生学习的主动性和积极性，提高学生的学习效率；二是教师能及时、全面地了解每一名学生的学习情况，课堂教学真正做到有的放矢。学习社区有后台数据库的支持，它会真实记录每一名学生在各个阶段信息技术学习过程中对知识与技能的掌握情况，及时了解学生在自主学习过程中的情感变化与心理发展；还会帮助教师收集学生作业、批改作业、组织各种考试、记录学习成绩、发放课程资源、开展作品评价、管理统计学生资料和评价结果。有了学习社区的支持，降低了信息技术课堂教学的成本，弥补了传统学习评价模式中信息单一、评价片面的不足，让教学更具针对性、科学性、及时性和迅捷性，提高了信息技术课堂教学的有效性。

（二）探索了基于网络环境下的教学模式和学习模式

1. 基于网络学习社区的教学改变了教师传统的角色定位

古往今来，教师的主要角色是知识的传授者，然而，随着信息时代的到来，面对开放的共享的网上资源，教师这种优势被逐渐淡化，基于学习社区的教学活动促使教师进行角色的转变，主要表现为从知识的传播者转变为学习方法的指导者。教师的教学模式不再是单一的讲授，而是通过广泛收集各种分散的学习资源、学习信息，逐渐形成一种组织、协调、支持学生学习的资源库，教师把重心放在指导学生借助网络实现知识的探索，培养学生对信息的获取、处理、创造、表现的能力，提高学生发现问题、提出问题和解决问题的能力。

多媒体网络教学技术带来了教学模式的改革以及教学组织形式的多样性，使传统的"教师—学生"的单向传导转变为"教师—媒体—学生"的相互作用结构模式。学生由被动学习转为主动探索，教师由讲授者变为启发者和助学者，这种模式下的教学对教师提出的要求更高了。不但要求教师有新的教学理念、有丰富的不断更新的专业知识及跨学科的知识结构，而且需要教师具有较高的信息素养。只有这样，才能设计出有助于提高学生自主学习的网络环境下的学习效率。

2. 网络学习社区改变了传统的教学模式

传统的教学模式是"接受型"的模式，以学生被动接受知识为主，这种教学模式根深蒂固，在以往的教学环境中难以彻底改变。而在网络学习社区的支持下，课题组教师大胆改革创新，结合教材和学生实际，在教学中尝试使用PBL教学法、翻转课堂等新型的教学模式，真正实现了以教师为主导、学生为主体的教学思想，提高了教学效率，取得了不错的教学效果。以下是这两种新型教学模式的应用情况。

（1）PBL教学模式

PBL的全称是Problem-Based Learning，意为"基于问题的学习"，即以问题为核心的学习，学生通过解决问题—吸收新的知识—不断发现问题—再构建知识，进一步优化教学过程。PBL倡导小组合作学习，在学习环节设置中都是以学生的主动学习为主，在主动、开放、高效的学习氛围中依靠整个学习团队的力量和丰富的网络资源来真正解决问题。

课题组教师结合本校实际，基于网络学习社区构建了适合本校学生的PBL教学模式，如图3-3所示。

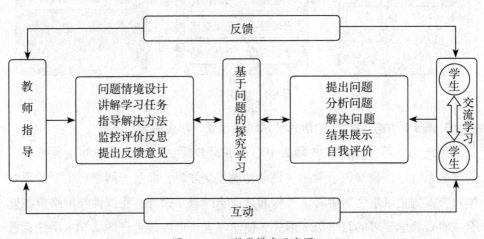

图3-3　PBL教学模式示意图

PBL教学模式充分发挥了学生的主体作用，在教学中，教师只是学生学习的引导者、咨询者和监督者，协助学生利用学习社区中的学习资源搜寻相关信息，在学生有疑问或有困难时及时提供咨询服务。依托技术学习社区，创造出一个民主和谐的教学气氛，让每个学生都能发挥主观能动性，能够自主学习和参与到小组的讨论交流中来，重视学生的个性发展。

（2）翻转课堂教学模式

翻转课堂，顾名思义，就是把传统的课堂翻转过来。传统的教学方式基本上都是教师在课堂上讲授新知识，学生课后进行复习和完成作业。而翻转课堂则恰恰相反，在课前，教师利用学习社区提供以教学视频为主要形式的学习资源，学生登录学习社区，通过观看学习资源完成对新知识的学习；在课堂上，师生一起完成作业答疑、协作探究和互动交流等活动。翻转课堂在时间分配上的重要特点就是减少教师的讲授时间，并通过对课前自学的最大化来完成对教与学时间的延长，从而实现课堂时间的高效利用。

依照翻转课堂的内涵，根据建构主义学习理论及系统化教学设计理论，课题组成员尝试构建出适合本校学生实际的信息技术翻转课堂教学模型。该教学模型主要由课前自学、课堂交互和课后反思三个阶段共七步组成，如图3-4所示。

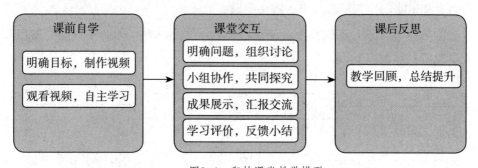

图3-4　翻转课堂教学模型

3. 基于网络学习社区的信息技术教学改变了学生的学习方式

传统的学习方式是以教师为中心，通过教师在教学过程中的主导作用，向学生系统地讲授知识，学生只是被动地接受知识；而基于网络环境下的课堂学习方式则是以学生为中心，教师通过适当的教学设计，将课件与网络资源整合成符合教学要求的教学资源形式，使学习者可以按照自己的认知水平任意选择学习内容和学习进程，主动参与学习，完成学习任务，同时还可以充分利用在线讨论进行协作学习、通过在线答疑实时交互，照顾个别学生的需要，增强学生的学习兴趣，这种学习使学生获得的不仅是知识，还有自己主动建构知识的意识和能力。现代建构主义教学理论认为，学习者的知识不是通过教师传授得到的，而是在一定情境下，借助其他人（教师或同伴）的帮助，利用必要的学习资料，通过意义建构的方式而获得的。学习社区的网络特性与功能最有利于充分体现建构主义的理论，使之成为合作学习、研究性学习的绝好场所。利用学习社区的有效资源进行信息技术教学是教学改革中的一种新型教学手段，由于其视听结合、手眼并用的特点及其内在感染力，因此成为激发学生学习兴趣的有力手段。这样一个图文并茂、有声有色、生动逼真的教学环境，为教学提供了形象的表达工具，能有效减轻学生课业负担，激发学习兴趣，真正改变传统教育单调的模式，使乐学落到实处，从根本上改变了学生的学习方式。基于网络学习社区的学习使学生不再接受同一模式的塑造，培养了他们的研究性学习能力和协作精神，学生在这样的教学中形成的独立人格和人文精神将受用终身。

（三）学生学习成效显著

1. 实验班教学质量提高明显

在高一刚入学的时候，课题组教师对实验班和两个对比班的学生都进行了摸底考试；到了2013—2014学年末，结束高一的课程后，组织学生参加了全市普通高中信息技术必修模块的统一考试；到了2014—2015学年末，结束高二的课程后，又组织学生进行了全市普通高中信息技术选修3模块的统一考试。表3-2是我校实验班和对比班在上述三次考试中的成绩对比。

表3-2　实验班和对比班考试成绩一览表

项目 学期	平均分		优秀率（%）		合格率（%）	
	实验班 （10班）	对比班 （12班）	实验班 （10班）	对比班 （12班）	实验班 （10班）	对比班 （12班）
入学摸底	75.6	76.1	29.6	30.4	94.0	96.0
必修1	81.2	79.7	37.0	35.7	100	100
选修3	85.3	81.2	42.6	39.3	100	100

把这三次实验班和对比班的考试成绩进行比较可以发现，新生刚入学时，

每个班学生对信息技术基础知识的掌握情况不相上下。有部分学生来自边远学校，因条件所限，这些学校并没有开设信息技术课，所以在摸底考试中，这部分学生的成绩比较差，而从整体情况来看，刚入学的实验班学生和对比班学生的成绩没有太明显的差异。但随着课题研究的开展和学习的不断深入，实验班和对比班的学习情况差异逐渐体现出来：从纵向数据对比来看，实验班学生三次考试的成绩呈现出逐步上升的态势，而对比班学生的成绩则有所反复，但总体趋于稳定；从横向数据对比来看，第一次摸底考试成绩，各班并没有太明显的差异，实验班的成绩略低于对比班，而通过后面两次的模块考试对比，则发现实验班学生的成绩明显高于对比班学生的成绩。

对比结果说明：本次课题研究让实验班的学生真正成为学习的主人，学生学习兴趣浓厚，思维特别活跃，并扎实地掌握了所学知识，不仅学习成绩每年都能稳步上升，而且进步的幅度要高于对比班。

2. 加大了学科竞赛的参与度

学习评价平台激发了学生的潜能，发展了学生的个性，促进了学生创造力的发挥。为了丰富学生的课余生活，发挥学生的信息技术特长，鼓励学生结合学习和生活实践，运用信息技术手段设计、创作电脑作品，培养发现问题、分析问题和解决问题的能力，我校信息技术学科每年都组织学生参加各类比赛。表3-3是通过学习评价平台统计的实验班和对比班近两年的学生参赛情况。

表3-3 实验班和对比班近两年学生参与学科竞赛人数一览表

项目 人数 时间	电脑艺术设计		网页制作		电脑动漫	
	实验班 （10班）	对比班 （12班）	实验班 （10班）	对比班 （12班）	实验班 （10班）	对比班 （12班）
2013— 2014学年	32	29	9	8	0	0
2014— 2015学年	39	26	11	10	2	0

从表3-3中可以看出，2013—2014学年，实验班（共56人）有41人次参与，参与度达73.2%；对比班（共56人）有37人次参与，参与度达66.1%。随着信息技术学习社区使用的普及，实验班学生的学习兴趣和探索欲望明显加强。到了2014—2015学年，实验班参与竞赛的人数有了大幅增加，共有52人次参与，参

与度达到92.8%，其中，对技术要求比较高的电脑动漫项目也有实验班的学生涉及。而对比班的参与人数则有所变动，电脑艺术设计项目的参加人数略有减少，共有36人次参与，参与度为64.2%，与实验班相比，参与度差距有所增大。

信息技术学科竞赛侧重学生的思维能力和信息技术应用水平，从参赛人数、作品完成情况和获奖层次几个方面综合来看，实验班学生的信息技术应用能力、探索能力、信息素养明显高于对比班。在2013年、2015年两学年的电脑制作竞赛的培训中，课题组教师基于信息技术学习社区开展信息技术学科竞赛的教学受到参赛学生的欢迎，这两年我校参加信息技术学科各类竞赛硕果累累、成绩喜人（见表3-4），有多位学生获得省、市级奖励，这两年均有学生代表广东省参加全国的电脑制作活动，并且获得优异成绩。由此可见，基于网络学习社区下的信息技术教学对学生信息技术能力和信息素养的提升卓有成效。

表3-4 近两年信息技术学科竞赛成绩

年份　　　　奖项	国家三等奖	省一等奖	省二等奖	省三等奖	市一等奖	市二等奖
2013—2014 学年	2	2	3	2	7	1
2014—2015 学年	2	4	5	1	9	1

（四）课题组教师的收获

1. 促进了教师的总结反思，提升了教师的理论水平

通过基于网络学习社区下信息技术教与学的有效性研究的课题研究，加强了课题组教师的理论学习，促使教师不断思考、实践、学习和研究，加深了对现代教育理念的理解。

为了课题的研究与实验，不少教师认真钻研新课程标准和信息技术教学理论，把对自己教学经验的总结与反思上升到理论的高度，进而又将这些理论应用到教学实践中；有的教师将一些适合信息技术教学评价的现代教育理论如多元智能理论和建构主义学习理论直接应用到课堂教学评价当中，对教学评价的内容、形式和方法进行了不懈的探究和试验，取得了显著的教学效果。

参与课题研究的教师还积极总结经验，撰写教育教学论文，为该课题的深入研究及教学评价体系的进一步完善做了许多开拓性的理论探索。

2. 推动了课堂教学改革，提高了课堂教学效果

以课题实验为契机，课题组教师大胆改革，教师积极开展课堂教学改革，贯彻"以教师为主导，学生为主体，活动为主线"的教学理念，真正做到了教学与评价相统一，初步形成了具有本校学科特色的教学模式，在不同程度上起到了推动课堂教学改革、提高教学效果的作用。在课题实验中，针对以往较为单一、枯燥的教学方法，教师设计了很多新颖、有趣而又贴近实际应用的教学设计，激发了学生的学生兴趣，调动了学生的学习积极性。课题组教师参加省、市、区各级各类教学设计评比，并且获得了优异成绩（见表3–5）。

表3–5　教学设计所获奖项一览表

序号	教学设计	设计者	所获成绩
1	IP地址的格式和分类	潘跃云	2014年市教学设计评选一等奖
2	图形图像处理	潘跃云	2014年省教学设计评选二等奖
3	IP地址的格式和分类	潘跃云	2014年省教学设计评选二等奖
4	IP地址的格式和分类	潘跃云	2014年区教学设计评选一等奖
5	我的梦，中国梦	邱　霞	2014年省教学设计评选一等奖
6	表格数据的图形化处理	邱　霞	2014年区教学设计评选一等奖
7	用图表说话	邱　霞	2014年省教学设计评选二等奖
8	表格在网页布局中的应用	邱　霞	2015年省教学设计评选一等奖
9	广东省空气质量数据分析	潘跃云	2015年省教学设计评选一等奖

此外，潘跃云和邱霞两位老师所制作的课件"常用的安全技术"获得韶关市多媒体教育软件大奖赛多媒体课件项目组一等奖，他们合作设计的优课"查看IP地址的方法"获得广东省计算机教育软件评审活动优秀奖。

在课题实验期间，课题组教师承担了多节校级、区级和市级的公开课与教改实验课，如邱霞老师的中期检查课"青春纪念册的制作——多媒体信息处理"、潘跃云老师的中期检查课"IP地址的格式和分类"、邱霞老师的教改结题课"我的梦，中国梦——视频短片的制作""用图表说话"均通过了专家验收，受到专家及同行教师的一致肯定。课题组教师还积极参加区组织的教改说课比赛，参赛的两个说课设计"班牌的设计与制作""表格在网页布局中的应

用"均获得区一等奖的好成绩。

通过一系列的教研活动和经验交流，参与课题实验的教师无论是教学水平还是教学能力，都有了相当提高，提升了信息技术课堂的教学质量。

3. 培养了课改的业务骨干，提升了教师的教研能力

教研是教师学习和实践现代教学理念，帮助学生进行有效学习的基本保证，是教师专业发展的重要内驱力，是帮助教师不断进行自我提升与发展的重要手段。课题组教师除了进行日常教学外，还参与到教学评价体系的构建和实验活动中，通过课题研究，培养了教师独立思考、敢于实践创新的精神，强化了教师协商交流、合作探究的团队意识和民主意识；通过参与各级课题研究活动，学会了如何收集整理资料、如何组织进行实验研究、如何撰写教学论文、如何撰写实验报告，并从自身的研究过程中不断探索、分析、总结、反思，锻炼了自己的业务能力，提升了自己的教研水平，也培养造就了一批课程改革的业务骨干。

近两年，课题组有多篇论文参加各级各类评比并获得优异的成绩（见表3-6）。

表3-6 教改论文所获成绩一览表

序号	论文题目	设计者	所获成绩
1	浅谈人文精神在信息技术教学中的渗透	邱 霞	2014年省论文评选一等奖
2	PBL模式在高中信息技术教学中的应用初探	邱 霞	2014年省二等奖、市二等奖并宣读、区一等奖
3	以需促学，活化信息技术课堂	潘跃云	2014年省二等奖、市二等奖并宣读、区一等奖
4	试谈学生实践创新能力在课堂教学中的培养	潘跃云	2014年省论文评选三等奖
5	七步导学翻转信息技术课堂	邱 霞	2015年省论文评选一等奖
6	基于网络环境下电脑制作活动培养模式的研究	潘跃云	2015年省论文评选一等奖

八、实验结论

（1）在两年的课题实验过程中，教师的教学理念、学生的学习观念均发生了可喜变化，形成了良好的教学环境与和谐的师生关系，优化了自主合作探究的学习方式，实施了灵活多样的教学方法。构建基于网络的信息技术学习社区为引导学生学会学习、鼓励学生创新实践、挖掘各种潜力、发挥学生特长、发展学生个性和帮助学生形成特色提供了软硬件支持。课题实验把教学内容由课内扩展至课外，既发挥了教师的主导作用，也凸显了学生的主体作用，还增强了学生的学习兴趣，教学活动更加生动活泼，学生的学习积极性有了明显提高，信息技术教学的有效性得到极大提升。

（2）通过基于网络学习社区下信息技术教与学的有效性研究，促使我们课题组教师转变教学理念，顺应时代潮流，不断提升自身的教育教学水平。实现对学习社区的有效利用和组织，为学生提供一个自主学习的环境，鼓励学生勤于思考、乐于动手，活用学习资源，查找资料，分析归纳，得出结论。通过研究，还实现了教师教学观念、教学内容、教学方法、教学手段的现代化、科学化，提高了教师的教育教学水平，推进了学校教学设施现代化、信息化的建设进程。

（3）随着教育改革的深入和网络的普及，网络学习社区已越来越广泛地运用于学校教育教学之中，并扮演着越来越重要的角色。课题组成员已经开始尝试如何利用网络改革课堂教学模式，并形成了一定的研究成果，但从整体而言，仍远未发挥网络课程的优势，研究尚处于初级阶段，接下来还需要对网络环境下如何提高课堂教学的有效性做进一步的探索和深入研究。本课题的实施对于深化信息技术教学改革、推进网络学习社区教学资源的应用、转变教学模式、促进教育观念的转变具有举足轻重的作用。

九、对课题研究的反思

自课题研究开展以来，虽然工作开展得扎扎实实，也取得了一定成效，但是受水平所限，在研究过程中还存在着一些不尽如人意的地方，通过对课题研究的反思，为日后的改进和完善指明方向。

1. 教师需要取得教学价值观的共识

要保证课题研究的顺利实施，首先课题组成员必须要有共识：什么才是现代教学的核心价值？我们要构建网络学习社区的目的又是什么？

新课程标准倡导自主、合作、探究、开放的教学行为和学习方式，这是对传统教学观的超越。《国家中长期教育改革和发展规划纲要（2010—2020年）》中提出现代教学的核心价值观是学生的全面、自主、和谐、可持续发展。信息技术在学科教学上的应用必须有助于或促进这种目标的达成。课题组构建信息技术学习社区，就是把教学质量的提高作为核心任务，紧紧围绕着是否有利于学生学业水平的提高、有利于学生学习方式的改善、有利于促进学生形成积极主动的学习态度与习惯来衡量和判断。这是我们在网络环境下建立新的教学模式首先必须取得的教学价值观上的理念共识，是我们实践教学创新和方式变革的理论基础。

2. 学习社区需要不断改进

本课题研究的范围较广，要求的教学主体、内容和形式多元，需要学习社区支持的功能模块较多，由于精力和客观条件有限，学习社区只开发了需求分析中要求的基本功能模块，仅仅能满足信息技术日常教学的要求。在后续的研究中，争取获得更多的技术支持和资金支撑，继续改进、完善学习社区，让它也能运用到其他学科的教学中，打造一个全学科的学习平台。

3. 教学活动中需要解决人际交流问题

通过信息技术学习社区发布教学资源、布置课堂任务、进行各种评价考试确实能够提高课堂教学的有效性，但是学习过程中过分强调网上检索和网上交流，淡化了师生间、学生间面对面交流的作用。课堂教学并不仅仅是完成课程教学任务，更重要的是发展学习参与度、学习态度、合作意识等诸多人际情感方面的能力，这些都是需要面对面交流才能了解的。除了提高课堂教学的有效性，下一步需要研究的是如何将情感态度与价值观的培养融入信息技术教学中，充分发挥学习社区的优势。

十、结语

总之，本课题仅仅是对基于网络学习社区提高信息技术教与学的有效性做了一些初步的探究和尝试，今后还有许多工作需要大家共同努力，确保信息技术学习社区的使用能日趋日常化、规范化和过程化。信息技术教学改革是一项长期而艰巨的任务，还需要我们坚持探索、敢于创新、不断发掘出各种教学模式，从而更好地为信息技术教学服务。

参考文献

［1］中华人民共和国教育部.普通高中信息技术课程标准（实验）［S］.信息技术，2003.

［2］苗逢春.信息技术教育评价：理念与实施［M］.北京：高等教育出版社，2003.

［3］陈恳，等.WEB2.0时代信息化社区教育的开展方式［J］.中小学电教月刊，2009（6）.

［4］彭雪庄.信息技术网络学习社区的设计与实践［J］.教育信息技术，2010（11）.

［5］陈金灿.基于高中信息技术课程的虚拟学习社区的应用研究［J］.教育传播与技术，2012（3）.

［6］陈巧芬，杨传斌.面向中小学生的网络学习环境建设［J］.教育信息化，2004（1）.

"在程序设计课堂进行学生计算思维培养的
策略研究"研究报告

广东省韶关市田家炳中学 朱棋双 朱静萍 张 燕

自2017年7月课题"在程序设计课堂进行学生计算思维培养的策略研究"开题后，我们制订了课题研究实施方案，并按照实施方案有条不紊、扎实有效地开展实验研究工作。课题主要通过探讨在程序设计课堂进行学生计算思维培养的策略研究，提高课堂教学效率，培养学生在程序设计课堂中的计算思维，提高课堂教学的创新能力及学生核心素养的培育。

第一部分

一、提出课题研究的背景

新课程标准指出：学科核心素养是学科育人价值的集中体现，是学生通过学科学习而逐步形成的正确价值观念、必备品格和关键能力。高中信息技术学科核心素养由信息意识、计算思维、数字化学习与创新、信息社会责任四个核心要素组成。它们是学生在接受信息技术教育过程中逐步形成的信息技术知识与技能、过程与方法、情感态度与价值观等方面的综合表现。这四个核心要素互相支持、互相渗透，共同促进学生信息素养的提升。

其中，计算思维是指个体运用计算机科学领域的思想方法，在形成问题解决方案的过程中产生的一系列思维活动。具备计算思维的学生在信息活动中能够采用计算机可以处理的方式界定问题、抽象特征、建立结构模型、合理组织数据；通过判断、分析与综合各种信息资源，运用合理的算法形成解决问题的方案；总结利用计算机解决问题的过程与方法，并迁移到与之相关的其他问题解决中。倡导学生主动参与、乐于探究、勤于动手，培养学生收集和处理信息的能力、获取新知识的能力、分析和解决问题的能力以及交流与合作的能力。由此可见，在程序设计课堂中对学生计算思维培养的策略研究就显得十分必要了，课题研究对于探索新教学模式，提炼优质资源，有效改进教学方法，解决教学中的重难疑点，提高课堂教学效率，保障全体学生综合素质全面提高，促进我校发展具有十分重要的现实意义。

二、国内外研究及其现状

1. 国内的研究及实践

计算思维由周以真教授在2006年首次提出，表述为应用计算机科学领域的基础概念进行问题解决、系统设计和人类行为的理解。2010年，计算思维被进一步表述为一种思考过程，通过对问题和解决方案的清晰表述，使问题解决可以由具备信息处理功能的代理程序高效完成。现在国内学校的计算思维教育要更新教育理念、重构教育内容、变革教学方法，实现从"为计算"到"用计算"的转变。建构计算思维的表现性标准，基于标准开展教学。根据我国信息技术教育现状，从课程设计开发的角度，对课程目标确定、课程内容选择和活动设计提出具体的实施建议。提倡采取基于项目的教学策略，从方法习得、工具应用、思维迁移三个层面落实计算思维培养。应用思想实验的教学方法，突出思维的训练和计算思维的养成。

2. 国外的研究及实践

英国皇家科学院将计算思维定义为认识周围世界所存在的不同层次的计算，应用计算机科学工具和技术理解并辨析自然系统与人工系统及其运行过程。谷歌公司认为，计算思维过程是问题解决技巧和技术的集合，并将计算思维过程界定为问题分解、模式识别、模式生成与抽象、算法设计。高中培养计算思维的课程教学主要针对程序设计与算法、人工智能等内容而展开。但是，在高中信息技术基础教育中，基本概念、基本原理、软件应用的教学内容占较大比重。如何在程序设计课程中培养计算思维引起了各级各类学校的关注，有很多研究机构和各级各类学校投入研究，但还是属于初始阶段，还需要在教学实践中不断尝试与应用。

三、课题核心概念及其界定

计算思维常常与程序设计联系在一起，计算思维运用则更广泛，就中小学信息技术课程教学而言，即使不编写程序，只运用现成的技术和软件工具去解决问题，也需要计算思维来分析问题、建立模型、设计方法、检测结果等。当然，算法思维是计算思维的核心内容之一，最能体现计算思维的是程序设计。在程序设计课上，学生充分发挥自己的想象力和创造力，利用所学，设计创作出一个又一个内容丰富、技术超强的令人惊讶的程序作品。程序设计是最能体现信息技术学科创新性和实践性的内容，同时也是最能突出学科思维方式的内容。关键是要深刻理解其核心价值，运用恰当的教学策略并体现在教学设计、教学评价和教学实施上。通过本课题研究，计算思维培养在程序设计课堂中深度融合，从而提高信息技术课堂教学的有效性，提升学生的核心素养，促进教师不断审视自己的教学理念，提高教师的教学设计能力，推动课程改革持续、深入地发展，促进教师优秀教学成果的推广。

在这里，信息技术教学特指中学信息技术教学，是指教师按照信息技术课程标准和教学内容精心组织的学习活动，其目的是培养学生运用计算机与网络等信息技术工具的知识和能力，学会运用信息技术工具对各种信息源进行综合处理，提升创新能力，即提高学生的信息素养。

四、课题的理论依据

第一，建构主义学习理论；第二，教育主体论；第三，系统论、信息论、控制论。

以上理论详见本书《"利用微课提高信息技术课堂教学效率的实践研究"教改实验方案》一文中的相关内容。

五、研究目标、研究内容、研究重点及创新之处

1. 研究目标

（1）在程序设计课堂教学模式方面进行研究，探索信息技术课堂教学方法，提高学生计算思维与电脑制作活动有机整合的一系列教学策略、途径和方

法，促进课堂教学改革，从而提高课堂教学效率，促进教学的有效性。

（2）通过实践和研究，对课外实践活动模式做进一步研究，提高学生学习兴趣，挖掘学生学习潜能，促进学生计算思维的发展。

（3）通过实践和研究，探索信息技术网络远程教学的教学策略、途径与方法，提高学生在课外学习中程序设计对计算思维有效培养的实效性。

（4）通过实践和研究，形成校本素材与创新教学应用课题研究、教师专业发展的关系及影响。

（5）通过实践和研究，提升教师的教学能力和教科研能力。

2. 研究内容

（1）程序设计有关计算思维案例制作的策略研究。

（2）体现计算思维的案例资源在中学课堂教学中的创新性应用。作为一种手段，在中学课堂教学中如何充分利用资源，如何创设更多机会让学习者积极主动学习，为教学模式的创新提供基础，成为提高教学效率的途径之一。

（3）在程序设计课堂中，计算思维培养对学生自主主动学习方式的影响和改变。提高学生学习兴趣，挖掘学生学习潜能，促进学生计算思维的发展。

（4）体现计算思维与程序设计教学深度融合的案例研究。

3. 研究重点

（1）通过本课题研究，探讨计算思维培养的可行性，体现计算思维与程序设计教学深度融合的案例研究，凸显学生学习的主体性，希望通过创新教学，进一步推进程序设计课堂教学改革，提高课堂教学的有效性，推动课程改革持续、深入发展。

（2）程序设计中有关计算思维的案例在中学课堂教学中的创新性应用。

（3）通过对学生自主主动学习方式的影响和改变，培养程序设计计算思维。

4. 课题研究的创新之处

详见本书《"利用微课提高信息技术课堂教学效率的实践研究"教改实验方案》一文中有关课题研究的创新之处的相关内容。

（1）如何在程序设计课堂中培养计算思维、构建高效课堂是一种新尝试，也可以提高课堂教学效率，是我校一直致力探索的。

（2）我校已经把程序设计实例培养学生计算思维运用在信息技术科组教学中，在课堂上发挥积极的影响作用。

（3）在程序设计课堂上培养计算思维，在此基础上更深入地探索，对于其他科目来说，同样可以提高学生的核心素养。

六、课题的研究方法、实施步骤与采取措施

（一）研究方法

课题采用综合方法进行研究，即根据不同阶段的要求将调查研究法、案例分析法、行动研究法、经验总结法等科学研究方法综合运用，以期达到最佳的研究效果。

1. 调查研究法

通过对相关文献的检索与分析，总结国内外相关经验，为本课题的研究寻找理论依据，为课题的顺利开展奠定基础。依托问卷调查、学生个别访谈，了解当前中学生在学习中的难点和薄弱点，分析将微课融入中学教学的可行性及优势，了解信息技术环境下微课在提高课堂教学效率中的作用，同时对个案进行跟踪调查。

2. 案例分析法

收集有关计算思维程序设计的案例作品，成立指导教师团队，组织大家分析研究个案，分组讨论，各组找出问题的症结所在，并找出解决问题的策略。最终挑选出最恰当、最理想的教学案例和教学策略。

3. 行动研究法

在行动中反思，在反思中行动。在课堂中培养计算思维，从中摸索出提高课堂教学效率的方法和途径，逐步完善有效的教学方案和实施策略，滚动式推进研究过程。

4. 经验总结法

重视资料积累，注重对实践经验的理性分析与反思，按照研究内容写出阶段性研究报告和经验总结，为信息技术环境下提高课堂教学效率提供经验和理论支持。

（二）实施步骤与采取措施

第一阶段：准备阶段（2017年7月—10月）

这一阶段的主要任务：申请立项，筹备开题。

（1）确定课题，组建课题组，制定课题研究的过程性细则，明确各阶段、

各成员的研究内容和要求，撰写课题研究方案。

（2）做好理论的储备工作，加强理论学习，积极进行课题实施前的培训。

（3）开题论证会。

（4）收集有关资料，组织实验人员进行学习和探讨。

（5）全面开始实验研究。

第二阶段：实施阶段（2017年11月—2019年6月）

这一阶段的主要工作：全面启动，深入研究。

通过"研究问题（集体备课）——教学决策（教学设计）——教学实践（教学行动）——反思总结"的循环途径，研究、探讨和尝试解决在实验教学过程中遇到的各种问题。

（1）在实验班开展实验教学活动。程序设计课堂教学培养计算思维策略研究教学。

（2）跟踪和探究可能影响教学研究中出现的各种因素。

（3）不断总结和研讨，结合学校实际，探索有效实施课堂教学的方式方法。

（4）通过举行专题公开课，对实验教学进行更广泛的研讨，收集更多的反馈意见和建议。

（5）在每个学期末，通过案例分析与研讨、问卷调查、座谈会等，对学期进行实验评估和小结。

第三阶段：总结阶段（2019年7月—2019年7月）

这一阶段的主要工作：整理成果，准备结题。

（1）得出成果的价值性分析报告。

（2）召开结题总结分析会，提交典型实验课（或学习活动）的教学设计、学生作品和实验教师的总结，形成终结性实验报告和有关论文。

（3）制作实验资料光盘，包括自己开发、组织和制作的教学资源（包括课件）等。

第二部分　课题研究成果报告

通过对本课题的研究，课题组成员在程序设计课堂进行学生计算思维培养实践研究中取得了一些成果。

一、在程序设计教学中培养学生计算思维的运用策略

通过研究，使教学顺情应势，顺应学生的学习需要之势，从而引领学生的情感态度与价值观和谐发展，班级学生整体的精神风貌发生了变化，学生的主体意识和责任意识明显加强，课题组成员探求出在程序设计教学中培养学生计算思维的运用策略。

（1）从教学出发选择工具，突破复杂编程环境的壁垒。从计算思维的角度来看，程序设计语言是描述问题的工具，而程序是描述问题的方式，在选择方式之前，首先要选好工具。通过多年的探索与实践，我们认为，VB6.0语言是适合中学生学习的程序设计语言。其既有程序可视化界面设计，也提供了程序设计开发工具必需的输入、编辑和调试功能，菜单简洁、清晰，几乎没有其他初学者暂时用不到的菜单命令，可以较好地突破复杂编程环境造成的学习壁垒。

（2）将演绎与归纳相结合，促进知识的主动建构。人类的思维方式一般有两种：归纳与演绎。归纳是指从各种特殊事例中概括出抽象的一般规律；而演绎是从一般原理出发，通过推导得出个别结论。目前的程序设计教材都是直接从语句的基本格式出发，展开到各个局部细节知识。但对于学生来说，在理解上有一定困难。为此，我们从两个方面采取措施，解决学习中所遇到的问题：其一，从语言的视角出发，用自然语言的体系结构类比程序设计语言的体系结构，首先让学生从整体上把握程序设计语言的结构，并由此过渡到具体内容的学习；其二，对于基本语句，先通过一个学生学习和生活中典型问题程序，归纳出它的基本格式或解决问题的基本规律，然后将这些规则或规律应用于相似问题的解决中，而不是把所有的知识不分巨细都"嚼碎"了"喂"给学生。显然，这是一种基于计算思维的构造性思维方式，更符合学生的认知规律。

（3）强化算法的分析，经历问题解决的全过程。用程序设计解决问题，关键是要找到解决问题的方法——算法。对于初学者来说，往往在看到问题后，简单一想就开始动手，很简单的问题常常写出一大堆代码，自己也说不清解决问题的方法和过程。对于每一个编程问题，我们都会从问题的分析和分解开始，首先找出解决问题的算法，再用设计软件VB6.0语言编写程序、实现算法。程序设计具有很强的实践性，学习者只有通过大量的编程实践，才能比较

牢固地掌握基本的编程知识和技能，进而编写出具有实用价值的程序。每节课的案例分析并配课后相应的习题解析，学生对习题进行详细的分析和解答。同时还添加改错题、读程序题、程序填空题等其他形式的习题，习题创设了贴近学生学习和生活的应用情境，以激发学习者在"真实"的情境中寻找解决问题的方法，增强程序设计的趣味性。为了检测学生运用编程解决问题的能力，使用评价系统架设了在线程序评测系统。树立和健全培养计算思维作为评价学生的指标，培养了学生的评价意识，对课堂教学起到一种积极的效果，让学生的思维得到各方面的多元评价。

二、课题的实验研究在科组内营造了良好的学术研究氛围，初见成效

1. 课题研究促进信息技术课堂的改革

通过本课题的研究，改变了课题组成员的教学方式，想学生所想，思学生所思，随学生所动，将有效教学落到实处，使课堂变得更智慧、更灵动。用案例教学，自主建构程序设计指令集。程序设计的学习主要围绕环境、语言和应用三个方面的知识与内容而展开，语言视图的学习，其核心主要在于语言规则本身。传统的"语言—指令—程序"或"算法—语言—指令—程序"的程序设计教学主要使用规例法，就是从语句的基本格式出发，详细讲解语句的各个要素，最后举例说明。在程序设计教学中运用案例教学法，首先对典型程序进行模仿，归纳出语句的基本格式或解决问题的基本规律，再将这些规则或规律应用于现实问题的解决中。

2. 课题研究的积极作用

课题研究提升了学生的核心素养，促进了学生的综合发展，更加关注学生的差异性以及学生的起点，使每个学生都能有所发展。在高效课堂中，学生发展了语言、开拓了思维、张扬了个性、升华了情感、完善了人格、全面提高了综合素养，充分重视师生活动的多样性和教学环境的复杂性，学生在课题实施期间参加学科竞赛并取得了可喜成绩。课题主持人朱棋双老师及课题组成员指导学生作品共获省奖10项（其中省一等奖1项、省二等奖3项、省三等奖6项），市级奖励61项。

3. 提升了课题组教师的教育教学教研能力

在整个课题研究中，课题组成员不断读书、反复实践、及时总结，开展丰富有效的课堂实践活动，以激励者、辅导者、示范者、协助者和平等参与者的身份引导学生、帮助学生、影响学生，个人的素质、能力都有了很大提升。在课题研究期间，课题组成员每个学期一节课题跟踪课，积极开展教学研讨活动。对待评课，大家抱着尊重、真诚、虚心的态度各抒己见、畅所欲言。在互听、互评的过程中，教师不断改进教法，认真进行教学反思，不断完善课堂教学，逐步提高了教学能力。课题主持人朱棋双老师在研究期间上了3节市级公开课，即"程序设计初探""算法及其实现——VB编程之初探""程序设计循环语句"，均获得听课教师的一致好评，并积极参加广东省教学设计论文比赛，参与各级各类与课题相关的培训，成为广东省骨干教师培养对象，获韶关市田家炳中学优秀青年教师、优秀共产党员等荣誉称号；朱静萍老师获评为中学信息技术正高级教师、广东省名教师工作室主持人、韶关学院省级教师发展中心兼职教授暨培训项目专家，获广东省师德先进个人、韶关市首期享受市政府特殊津贴人才等荣誉称号。

4. 课题研究期间部分研究成果发表或获奖情况

（1）课题主持人朱棋双老师的论文《程序设计课堂中的计算思维培养策略》发表在《教育信息技术》杂志2019年第5期。

（2）课题主持人朱棋双老师的论文《程序设计课堂中计算思维的培养》获得广东省中小学信息技术教育优秀论文评比一等奖（2019年4月）。

（3）课题主持人朱棋双老师的课例"第三章　信息的加工——3.4 算法及其实现"被被评为教育部2018年度"一师一优课、一课一名师"活动"优课"（2018年12月）。

（4）课题主持人朱棋双老师的课例"第三章　信息的加工——3.4 算法及其实现"被评为广东省2018年度"一师一优课、一课一名师"活动"优课"（2018年12月）。

（5）课题主持人朱棋双老师的论文《高中程序设计课堂学生计算思维培养策略》获得广东省中小学信息技术教育优秀论文评比二等奖（2018年8月）。

（6）课题主持人朱棋双老师的论文《体验合作学习的激情火花》发表在《新课程》杂志2017年第12期。

（7）课题主持人朱棋双老师的教学设计"图形图像的加工——用PS进行书籍装帧设计"获得全国信息技术课程教学案例大赛评比二等奖（2017年9月）。

（8）课题主持人朱棋双老师的论文《基于项目的学习在信息技术教学中培养学生核心素养的探究》获得广东省中小学信息技术教育优秀论文评比二等奖（2017年6月）。

（9）课题主持人朱棋双老师的教学设计"图形图像的加工"获得广东省中小学信息技术教学设计评比一等奖（2017年6月）。

（10）课题主要参与人朱静萍老师的论文《信息技术课程"六学七步反刍"教学模式的构建与应用》发表在《教育信息技术》杂志2019年第5期。

（11）课题主要参与人朱静萍老师参与编写的广东省教育出版社组织、徐福萌教授主编的粤教版高中信息技术教材选择性必修5"三维创意与设计"已通过审读试教，拟出版。

（12）课题主要参与人朱静萍老师在课题实施期间开设讲座近30场，培训省级骨干教师700多人，面授学科教师近2000人，受到学员的热烈欢迎和好评。

（13）课题主要参与人朱静萍老师在2018年12月组织广东省骨干教师跟岗培训期间，示范课"逐帧动画的制作"深受好评。

（14）课题主要参与人张燕老师的教学论文《核心素养理念下的电脑动画制作教学探索》发表在《教育信息技术》杂志2019年第5期。

（15）课题主要参与人张燕老师的教学设计"利用Photoshop进行图像合成"获得广东省中小学信息技术教学设计评比二等奖（2019年4月）。

（16）课题主要参与人张燕老师的教学论文《核心素养理念下的中小学电脑制作教学的实践与思考》获得广东省中小学信息技术论文设计评比二等奖（2018年8月）。

（17）课题主要参与人张燕老师在2019年4月"送教下乡"活动中，"趣味编程"示范课获好评。

三、课题研究成果推广、存在的主要问题和展望

通过调查研究、阅读书籍、实践研究，我们收获了很多宝贵经验，并且逐步建立了程序设计教学的课程体系，主要由以下模块组成：把Scratch作为学生首门程序设计课，学生在制作富有个性的互动媒体作品的过程中，形成信息化

情境下解决问题的方法与策略；在用Logo指令控制计算机完成动作的过程中，理解人是如何通过程序指挥计算机解决问题的；通过机器人模块的学习，理解基于"工程—设计—管理"框架下的模块化、结构化、逐步求精、测试与调试等软件工程设计方法；通过VB程序设计课程的学习，学会从问题出发设计算法并编程实现，理解算法和程序设计在解决问题过程中的地位与作用。在基于计算思维参与的程序设计教学中，学生从使用、摆弄他人的编程制品开始学习编程，理解程序设计的基本思想，从而提升自身的计算思维。在研究期间，课题组成员踊跃参加各级各类教研活动，积极承担各级各类公开课，通过教研活动宣传推广研究成果，课题组成员朱棋双老师指导学生程序设计作品获省级奖的等级和数量居韶关市榜首，在教研活动中多次展示作品，与参会教师进行交流，在韶关市起到辐射引领作用。朱静萍、张燕两位教师担任广东省教师教育技术执行主任及项目主管，承担广东省教师教育各类专题课程的网络督学及助学导师任务，每年培训全省教师近万人，可以通过教师培训推广课题成果。

在推广课题成果的同时，发现课题实施过程中存在如下问题：

（1）不断研究确实能给我们的教学带来很多帮助，但有时课堂上较为单一的演绎式教学策略是程序设计课堂上的通病。

（2）教师的理论水平与研究水平有待进一步提高，尤其是缺少专家的理论指导，学校的评价机制有待进一步完善。

（3）教学资源没有充分共享，尤其是校际交流的机会少。

（4）虽然研究成果在校内和市内进行了有价值的推广，但社会影响力还有待增强。

课题虽已结题，但我们的思考没有结束，在以后的信息技术教学过程中，我们要进一步加强理论学习，为实践所用；积累更多的个案，增强影响力；加强教学实践与反思，撰写教学论文、教学设计，探索出更多提高课堂效率的途径。

第四章

计算机、互联网为教育信息化提供了平台，VR（虚拟现实）/AR（增强现实）为教育教学情景设计、展示及教学的实施提供了全新的平台和手段。但是如何将信息化技术融入教育教学实践当中，这是一个问题。在此背景下，本章内容主要围绕教学设计（教学设计是根据课程标准的要求和教学对象的特点，将教学诸要素有序安排，确定合适的教学方案的设想和计划。一般包括教学目标、教学重难点、教学方法、教学步骤与时间分配等环节）而展开，是作者及其团队成员精心呈现的多年教学内容。其内容主要为张燕老师的"'方'纳百川——走进二维码"教学设计、曹剑老师的"计算机病毒及预防"教学设计、龚学权老师的"表格数据的图形化"教学设计、黄晶晶老师的"图片的处理与合成——用Photoshop设计书籍封面"教学设计、吉同娟老师的"揭开信息编码的神秘面纱"教学设计和"网上资源检索——幸福是什么"教学设计、刘宏英老师的"计算机的网络身份——IP地址"教学设计。

教学设计

"'方'纳百川——走进二维码"教学设计

广东省韶关市田家炳中学 张 燕

【学科核心素养】

（1）信息意识：通过观察三个不同特点的二维码，能够敏锐地感觉到信息的变化，采用有效的策略对其进行分析并做出合理判断。在合作解决问题的过程中，愿意与团队成员共享信息，实现信息的更大价值。

（2）计算思维：在完成为社团制作个性化二维码的任务过程中，判断、分析与综合各种信息资源，形成问题解决方案。

（3）数字化学习与创新：在自主探究和小组合作学习的过程中，能充分运用教师提供的微课及互联网资源，创造性地解决问题，完成学习任务。

（4）信息社会责任：教师在电脑室内设置了虚假二维码"陷阱"，通过学生的亲身体验来提高信息安全意识与能力。通过二维码原理的学习，培养学生对信息技术新事物的积极学习态度。

【课程标准要求】

（1）在具体感知数据与信息的基础上，描述数据信息的特征，知道数据编码的基本方式。

（2）在运用数字化工具的学习活动中，理解数据、信息与知识的相互关系，认识数据对人们日常生活的影响。

（3）针对具体学习任务，体验数字化学习过程，感受利用数字化工具和资源的优势。

【学业要求】

学生能够描述数据与信息的特征，知道数据编码的基本方式，掌握数字化学习的方法，能够根据需要选用合适的数字化工具开展学习。

【教学内容分析】

本课是信息技术必修1"数据与计算""第一章　数据与信息"的拓展内容。"数据与信息"这个章节是让学生自主、协作、探究完成多媒体作品的数据信息处理项目，通过项目的学习，了解数据与信息的关系，知道数据编码的基本方式，掌握数据处理的基本方法与基本技能。此章有关数据对人们日常生活的影响方面的内容涉及较少。

二维码作为近年来移动设备上超级流行的一种编码方式，学生理应掌握它的使用、原理、安全防范及制作等方面的内容，于是笔者在第一章学习结束后增加了"走进二维码"的内容，本课从"看外表—探原理—做设计—想未来"四个维度层层递进开展教学。学习此内容将帮助学生更好地感受数据在信息社会中的重要价值，发展学生利用信息技术解决问题的能力。为"第二章　运用数字化工具解决问题和完成任务"的学习打下基础，也为必修2"信息系统与社会"的学习埋下伏笔。

【学情分析】

教学对象是韶关市田家炳中学高一学生。

（1）知识基础：了解数据的基本特征及文字、图像和声音等几种数据的编码方式，了解信息的概念及其特征。二维码应用接触广泛，但对技术背后的原理了解甚少。

（2）情感态度：对流行事物感兴趣，喜欢动手实践；缺乏主动探究信息技术科学原理的意识；二维码使用方面的安全防范意识不强。

（3）能力基础：具备自主探究学习的能力，初步掌握小组合作及项目式学习方法。

【教学目标】

（1）了解二维码的特点、结构及生成原理。

（2）掌握生成二维码的技术。

（3）知道二维码美化的方法。

（4）养成二维码使用的安全防范意识。

（5）学会二维码安全防范技巧。

【教学重难点】

1. 教学重点

（1）二维码的特点、结构及生成原理。

（2）生成及美化二维码的方法和技巧。

2. 教学难点

养成二维码使用的安全防范意识，提高防范能力。

【教学准备】

虚假二维码海报、学生项目学习记录单、微课、学生社团数据资料、网络机房、教学平台和教学课件。

【教学策略分析】

情景教学，启发式教学，合作学习。

采用英特尔未来教育的框架问题来指引学生自主探究的方向。

采用项目学习表单记录的方式跟踪学习行为。

【情景设置】

微视频社团的宣传视频没有办法在学校社团招新活动中展示出来，造成社团招新情况不理想。经社团成员商量，决定利用二维码来宣传展示社团作品。

【课前学情调查】

高一学生对二维码知识的相关学情调查。

https：//www. wjx. cn/jq/48900425. aspx

【项目主题】

×××社团宣传小妙招——二维码

【项目活动】

项目活动概述见表4-1。

表4-1 项目活动概述

活动环节	活动内容	设计意图
导入	（1）播放微视频短剧（社团宣传困惑、二维码生活应用场景）。 （2）简单介绍二维码在生活中的应用。 单元问题：二维码这个黑白小方块是如何装下大千世界的呢	创设情境，引出本节课的项目主题
看外表	1.看一看 观察常规的二维码，总结出它的外表结构特点：由黑白小方块组成、二维码的三个角有"回"形小方块。 2.扫一扫 通过对三个特殊二维码的观察与扫码操作，发现二维码的扫码特点：有颜色可以扫、不同角度可以扫、有缺损可以扫。 内容问题：什么是二维码？从外表来看，二维码是由什么组成的？它的外形有什么特点	两个活动总结出二维码的外表及扫码特点，让学生在对二维码有感性认识的同时，产生进一步探究原理的欲望
探原理	1. 打开"项目学习记录单.doc"文件，通过观看微课、小组讨论的学习方式，完成"二维码原理的学习"部分的题目。 （1）二维码的前身是_____。 （2）二维码的黑色小方块代表_____，白色小方块代表_____。 （3）二维码角落三个"回"字形方块的作用是：_____。 （4）二维码一共有_____个版本，最小的是_____，最大的是_____。 （5）二维码一共有____个容错等级，最高级别的容错率可以达到_____。 2. 关于二维码安全防范方面的学习。 教师课前在电脑室内设置了虚假二维码的"陷阱"，提出"二维码是否安全？" 学生以小组为单位讨论得出二维码使用方面存在哪些安全隐患，并提出安全防范措施的建议。 内容问题：二维码中黑白小方块代表的意义是什么？三个角落"回"字形方块有什么作用？二维码的版本和容错等级包括几个？ 单元问题：所有的二维码都安全吗？它的安全防范措施有哪些	此内容的两个环节均由学生自主学习、小组合作的方式完成。通过问题引导、项目学习记录单给学生指明探究的方向，利用两个微课及互联网环境为学生提供探究的帮助，旨在培养学生对信息技术科学原理的学习兴趣及主动探究的热情

续 表

活动环节	活动内容	设计意图
做设计	任务：请用以下网站为你的社团制作个性化的二维码，并上传到服务器"二维码作业上交"文件夹中。教师提供（社团宣传二维码评价量规）给学生明确制作要求。 1. 草料二维码：https：//cli. im/ 账号：13826375255　密码：abcd1234 2. 联图网：https：//www. liantu. com/ 拓展：个性化二维码的创作还可以结合Photoshop、AI等图像处理软件进行制作。 内容问题：如何利用现有的素材生成二维码？让自己创作的社团二维码更富有特色的方法有哪些	此环节主要以利用网站生成及美化二维码的任务为主。教师展示并提出可以使用图像处理软件来美化二维码属于课后拓展内容，不在课堂上做具体的创作和要求，旨在给学有余力的学生提出更高的目标和要求，也为学生更深一步地去探究二维码的原理提供动力
想未来	师生共同探讨： 单元问题：二维码会用完吗？ 基本问题：科技可以解决人类的所有问题吗？（或）数码可否替代人类的一切？ 师小结：从理论上讲，二维码会有用完的一天，但是我们根本不需要担心这个问题，因为技术更新换代的速度非常快，还没等二维码用完，就有新的技术来取代它了，如新型支付方式——人脸识别。科技的不断发展还有赖在座的各位同学的努力和钻研，希望同学们能永远保持对新科技的好奇心以及探究精神	进一步激发学生探究常见技术背后科学原理的热情

【课后合作学习评价】

课后合作学习评价概述见表4–2。

表4–2　课后合作学习评价概述

	4	3	2	1	得分
贡献	我总是积极参与讨论，为小组做贡献。我能出色地完成小组交给我的任务，并带领小组成员运用学科知识和经验出色地实现我们小组的目标	我能参与小组的讨论，为小组做贡献，并完成分配给我的任务，帮助确立和实现我们的目标	对于小组中的讨论，我不是很热心，有时需要鼓励才能完成分配给我的任务。我在确立目标和实现目标的过程中需要得到帮助	对于小组中的讨论，我从不参与。我对待分配给我的任务较随便。我从不过问小组目标的确定和实现	
合作	我能根据主题认真、客观地分析其他成员的观点，并且很乐意地发表自己的观点，也乐意接受其他成员对我所提观点的意见。另外，我能根据主题主动鼓励其他成员共享他们的信息	我能分享我的观点，我也愿意所有的成员都共享他们的观点	如果得到鼓励，我会分享我的观点，我愿意与大多数小组成员一起分享观点	由于我不愿意分享我的观点，因此我对小组讨论没有什么贡献。在其他人分享观点的时候，我常常打断他们	
在小组里认真倾听	我在听与说之间表现得很平衡。我一直在关心别人的感受和观点	我能听别人阐述。我对他人的感受和观点比较在意	有时我会听其他人阐述。有时我会考虑到他人的感受和观点	我不听别人阐述。有时我不顾及别人的感受和观点	
元认知	我考虑要求小组在一起学习。我帮助小组一起更好地学习	我考虑小组一起学习。我参与进行一些改变，以便小组更好地在一起学习	有时我会帮助小组在一起学习。我尽量不阻碍小组的努力	我阻碍小组成员考虑是不是在一起工作得好这个问题。有时我停止正在做的工作	

	4	3	2	1	得分
问题解决	我积极地和小组成员一起解决问题。我帮助小组做出合理的决定	我提供解决问题的建议。我帮助小组做出决定	有时我会提供解决问题的建议。有时我会帮助小组做出决定	我选择不参与解决问题或做出决定。有时我会给小组带来麻烦	
合计					

小组合作评价量规见表4–3。

表4–3　小组合作评价量规

一级指标	二级指标	等级			备注
		A	B	C	
小组成员参与情况	1. 全员参与				
	2. 任务分工明确				
	3. 任务分工符合成员特点、学习进程				
小组参与活动的态度	1. 参与活动积极主动				
	2. 能按教师要求正确操作				
	3. 小组成员都能够体验到学习和成功的愉悦				
小组成员间的协作状态	1. 了解同伴的工作进度				
	2. 成员的发言都能得到鼓励				
	3. 能够倾听、协作、分享				
小组完成任务情况	1. 能够整合本组成员的成果				
	2. 能够按照教师的要求完成各项任务				
	3. 能够提出新的见解				
教师评语：					

等级序列表见表4–4。

表4–4　等级序列表

A	完全符合
B	基本符合
C	不符合

【 社团宣传二维码评价量规 】

社团宣传二维码评价量观明细见表4–5。

表4–5　社团宣传二维码评价量观明细

制作要求	为他打打分 你认为哪个社团的二维码符合下列要求，可以打"√"		
	诗画社二维码	动漫社二维码	歌舞社二维码
二维码的主题是否符合要求			
二维码的内容是否符合主题			
所收集的内容是否丰富			
二维码的设计是否有新意			
二维码的整体效果是否美观，并且有创意			
打"√"合计			

"计算机病毒及预防"教学设计

广东省仁化县仁化中学 曹 剑

（所需课时：1课时）

【学生核心素养培养】

目前，我们已经进入高度信息化的时代，各种各样的信息安全问题日益突出，尤其是计算机病毒的泛滥对信息系统的安全造成很大威胁。而应对威胁最有效的方法就是在学生的心里构筑一道坚固的防火墙——深刻认识、高度警惕、学会防范。为了达到这一目标，本节采用了"亲历体验→理解概念→分析特征→共商对策→练习强化"这一主线来开展教学。

【教学目标】

1. 知识与技能
（1）了解计算机病毒的定义与特征。
（2）掌握病毒的基本种类。
（3）了解计算机病毒造成的危害。
（4）掌握计算机病毒的防治技能。

2. 过程与方法
（1）体验计算机病毒对信息系统安全造成的威胁，自主总结病毒发作引起的计算机故障。通过网络交流经验，并合作进行病毒防治的探索，培养协作能力。

（2）掌握计算机病毒的有效防治方法，并应用到日常信息活动中去。

3. 情感态度与价值观

（1）以正确的态度面对计算机病毒。

（2）树立对计算机病毒的防范意识，掌握有效的防治措施，自觉应对计算机病毒对信息系统的威胁。

（3）自觉遵守有关的道德、法律及法规。

【教学重难点】

1. 教学重点

（1）了解计算机病毒的种类与特征。

（2）掌握计算机病毒的防治方法。

（3）增强学生在日常信息处理和交流过程中的病毒防范意识。

2. 教学难点

（1）学会计算机病毒的查杀操作。

（2）树立正确的价值观，了解国家有关计算机病毒的法律法规。

【教学手段】

（1）多媒体网络电脑室。

（2）多媒体网络教学软件系统。

【教材分析】

本节课节选自广东省基础教育课程资源研究开发中心编著的《信息技术基础（必修）》第六章第二节中的重要内容。

在网络高度发达的信息时代，黑客与病毒成了信息系统安全的主要威胁，尤其是计算机病毒已在个人电脑中泛滥成灾，造成了巨大的损失与危害，成为普遍存在的信息安全问题。有鉴于此，教材在全面介绍信息系统的安全问题之后，重点介绍了计算机病毒的定义及其特征，并深入探讨计算机病毒的防治知识。通过对本节课的学习，引导学生总结计算机病毒的性质特征，学会对计算机病毒的防治方法，懂得相关的法律法规，提高自觉防范计算机病毒的意识。

【学生分析】

现在的网络密集生活使学生对计算机病毒并不陌生，可是却很少有学生知道它到底长什么样，病毒又是怎么传染和破坏系统的，它是怎样危及人身财产安全的。现在，他们操作电脑已经娴熟，使用电脑、网络的次数也越来越多，对于病毒，他们是很好奇的，甚至会想方法去控制它。

【教学策略】

本节以笔者"自制病毒"界面导入，让学生电脑"中毒"，引起学生的好奇和震撼，从而激起学生对计算机病毒的兴趣，并自然而然地思考什么是病毒。接着通过案例分析，让学生掌握病毒的特征，并采用自主探究与小组合作的方式，让学生掌握病毒的防治，最后通过练习强化学生的防毒意识及技能，从而使学生树立计算机病毒的防治意识，提高学生保护个人信息安全的意识。

（1）教法：体验法、讲授法、案例分析法、讨论法、练习法。
（2）学法：自主探究、小组合作学习。

【教学过程】

（一）导入新课

通过"自制病毒"开始新课，这样能很好地激发学生的兴趣，让学生意识到计算机病毒问题的严重性。通过"自制病毒"的破解引入计算机病毒的定义。

（二）讲授新课

1. 计算机病毒简介

计算机病毒的定义：计算机病毒（Computer Virus）是一种人为编制的程序或指令集合。这种程序能够潜伏在计算机系统中，通过自我复制传播和扩散，在一定条件下被激活，并给计算机带来故障和破坏。这种程序具有类似生物病毒的繁殖、传染和潜伏等特点，于是人们称之为"计算机病毒"。

计算机病毒的来源及传播途径：计算机病毒程序大多是由某些具有较高程序设计水平与技巧的人出于经济、恶作剧、报复或蓄意破坏等目的而编制的。计算机病毒一般通过软盘、光盘、U盘和网络进行传播。计算机病毒在网络系统上的广泛传播会造成大范围的灾害，其危害性非常严重。

2. 微课视频导入，学生自学了解以下内容

（1）计算机病毒的特点：隐蔽性、传染性、潜伏性、破坏性、可触发性等。

（2）计算机病毒的危害。

（3）计算机病毒的种类。

（4）计算机病毒的防治。

其一，认识常用的安全防护软件。

其二，预防计算机病毒感染的措施。

① 隔离来源。对于外来硬盘、U盘等，一定要经过杀毒软件检测，确实无毒或杀毒后才能使用。

② 安装防病毒软件，并及时升级版本。定期用杀毒软件对磁盘进行检测，以便发现病毒并及时清除。

③ 及时给操作系统打补丁。

④ 在操作过程中，要注意种种异常现象，发现情况要立即检查，以判别是否有病毒。

⑤ 经常做文件备份，重要文件要多做几个备份。

⑥ 不要轻易打开来历不明的插件广告和电子邮件。

3. 课堂练习，深化学习

略。

4. 课堂拓展

（1）访问国家计算机病毒应急处理中心（http：//www. antivirus-china. org. cn），更深入地了解计算机病毒。

（2）你所了解的手机病毒有哪几种？你日常使用手机时是怎么防护手机病毒的？

【教学评价】

本节课的评价采用信息技术教学评价系统来进行，包括学生自主学习能力评价及小组合作学习过程表现评价（见表4-6、表4-7）。

【教学反思】

在设计本课时，笔者把"凸显学生主体"作为核心理念，整节课以学生自主探究为主，教师点拨为辅，让学生真正成为课堂的主体；本课还以培养学生树立计算机病毒防范意识及使学生掌握计算机病毒防治知识为核心而开展教学。在教学中，有以下几个方面的体会较为深刻。

（1）体验引入部分，通过"自制病毒"感受学生电脑"中毒"引入课题，起到震撼教育的效果，既能引起学生的学习兴趣，又能让他们对病毒的危害有深刻的认识。

（2）改变学生的学习方式，加深学生对病毒特征的认识，使得学生能够更准确地理解所学知识。

（3）本节课仍存在不少问题：

①我校学生的信息技术基础差距较大，在整个教学过程中，有部分学生还不能熟练地在评价系统上进行操作。

②学生总结出来的计算机病毒防治方法有的并不正确，需要教师加以指正与引导。

③在本节课中，学生自主活动比较多，但仍有一小部分学生没有参与到自主学习中来，需要教师加以引导。

表4-6　学生自主学习能力评价表

项目	优秀	良好	一般	自我评价	同伴评价	教师评价
确定学习目标（20%）	能根据自己的基础及所学内容自主确定学习目标	在教师的点拨下，结合自身的实际确定学习目标	在教师的详细指导下，确定学习目标			
提问质疑（20%）	大胆提出和别人不同的问题，大胆尝试并表达自己的想法	能提出自己的不同看法，并做出尝试	未能主动提出与别人不同的问题，未能主动尝试和表达自己的想法			
交流分享（15%）	积极参与讨论和交流，能提供丰富的学习资源	参与讨论和交流，能分享部分信息	极少参与讨论和交流，没能分享信息			
思考探究（20%）	能独立阅读、理解教材或教师提供的教学辅助资源，能运用所学知识与技能创造性地解决问题	基本能独立阅读、理解教材或教师提供的教学辅助资源，能运用所学知识与技能完成任务	在教师的指导下阅读、理解教材或教师提供的教学辅助资源，能模仿教师的操作完成任务			

项目	优秀	良好	一般	自我评价	同伴评价	教师评价
评价（15%）	能准确评价自己的表现，对自己下一步努力的方向有清晰的认识，能对同伴的观点和表现做出恰当的评价	能评价自己的表现，能意识到自己存在的问题和努力的方向，对同伴的观点基本上能发表自己的看法	不能准确评价自己或不愿意评价自己的表现，对同伴的表现缺乏分析与评价的能力			
帮助（10%）	经常热情地帮助其他同学	有时会帮助其他同学	未能帮助其他同学			
我对自己的评价：						
同伴眼里的我：						
教师寄语：						

表4–7 小组合作学习过程表现评价表（组内）

评价项目	组员一	组员二	组员三	……
在大部分时间里，他（她）踊跃参与，表现积极				
他（她）的意见总是对我很有帮助				
他（她）经常鼓励其他成员积极参与合作				
他（她）能够按时完成自己负责的工作				
他（她）对小组的贡献突出				
他（她）在合作过程中能主动帮助遇到困难的同学				
我对他（她）的表现满意				

【教学反思】

在设计本课时，笔者把"师生互动"作为核心理念，整节课以学生学习探究为主，教师讲解为辅，让学生真正成为课堂的主体；本课还以培养学生树立计算机病毒防范意识及使学生掌握计算机病毒防治知识为核心开展教学。在教学中，有几个方面的体会较为深刻。

1. 体验引入部分

通过加QQ"抢红包"引诱学生电脑中毒，引入课题，起到激发学生兴趣和激活课堂气氛的效果。

2. 运用微课

加深学生对病毒种类的认识，使得学生能够更准确地理解所学知识。

3. 本节课仍存在不少问题

（1）整节课重点不突出，各项内容时间太过均匀。

（2）学生创新能力培养不够，教学方式对学生思维的开发太局限。

（3）课堂练习及反馈没有进行展示，需要借助技术工具反馈学生掌握知识的熟练程度。

（4）练习题不够严谨。

4. 改进措施

（1）采用更多的探究式教学方法把课堂还给学生，可以用角色扮演和场景模拟的方式激发学生开放思维。

（2）设计及时的反馈表，可以考虑运用问卷星软件。

（3）将法律法规设计成练习题让学生抢答。

"表格数据的图形化"教学设计

广东省韶关市曲江区曲江中学 龚学权

（所需课时：1课时）

【教材分析】

本节课使用的教材是浙江教育出版社出版的高中信息技术必修教材《信息技术基础》第三章之2.2"表处理"。本节课是在学生已经掌握电子表格的输入、编辑、数据处理和图表建立的基础上进行教学，内容包括：让学生掌握如何运用图表分析数据、发现数据规律并直观形象地表达统计结果；引导学生根据任务需求或实际需要，学会在实践中寻找解决问题的办法或策略，从而实现使用恰当的图表类型呈现主题、表达意图，并最终提高学生的综合信息素养。

对表格数据进行图形化加工和处理，并能从中发现和挖掘数据之间的关系是信息处理的一项重要技能，也是科学研究中对数据进行整理常用的方法。在日常生活、工作和学习中，熟练使用图表处理工具软件加工表格信息是用计算机进行信息处理的几种基本方法之一，是每个学生必须掌握的基本技能。将表格数据进行图形化处理可以帮助学生建立数据之间的图形化关系，从而更容易发现和理解事物的性质、特征及其变化规律。

【教学对象分析】

此节课的学习者是高中一年级学生，该年龄段的学生具备了一定的信息素养，掌握了基本的信息技术知识和技能。在技术上，学生已经基本掌握了Excel

的使用（包括数据的输入、编辑以及数据处理和图表建立），大部分学生虽然知道如何利用图表向导插入图表，但对如何根据实际需求选择合适的图表类型呈现主题、表达意图缺乏经验。

高一学生已经具有一定的逻辑思维能力，乐于接受新鲜事物，对于感兴趣的东西，学习积极性特别高且乐于探索。但经过调查也发现，学生对信息技术的认知能力、实际操作能力和知识水平各不相同，于是在教学过程中，笔者采取小组合作探究的方法，让学生结成学习伙伴，互相探讨和指导，利用学生的互动提高教学效果，有利于培养学生的合作精神和人际交往能力。

【教学目标】

1. 知识与技能

（1）掌握表格数据中图形化的基本特征和操作方法。

（2）能根据数据的需要和统计图的特点选择合适的图表来表述数据。

（3）能根据图表来分析数据中蕴含的信息，并得出相应的结论，最终形成分析报告。

2. 过程与方法

（1）通过实践体验，掌握用信息技术手段解决问题和分析问题的学习方法。

（2）通过自主探究、互助演示、思考讨论、小组合作交流以及课堂评价等方法，学会探究实践、分析思考、同伴互助、表情达意、科学评价等。

3. 情感态度与价值观

（1）感受用图形化的方式表示表格数据信息的优势和魅力。

（2）体验恰当选择和制作图表、合理分析和决策问题的喜悦，增强学习幸福感，激发对信息技术的学习兴趣，形成积极主动的学习态度。

（3）体会信息技术与现实生活的紧密联系。

4. 学科核心素养

（1）信息意识：掌握图表的制作方法，能够利用表格数据建立图表。

（2）计算思维：认识图表的作用与适用范围，并能根据图表分析数据。

5. 数字化学习与创新

（1）体验信息处理方法和信息呈现的多样化，激发学生学习信息技术的兴趣。

（2）帮助学生建立数据之间的图形关系，发现事物的性质及变化规律。

（3）培养学生处理信息的能力，学会从多角度去分析和思考问题。

6. 信息社会责任

培养学生严谨的学习态度和团结协作的精神。

【教学重难点】

1. 教学重点

图表的制作方法及步骤。

2. 教学难点

图表数据分析。

【教学方法与学法指导】

自主探究、协作学习与教师指导相结合。

【媒体准备】

计算机网络教室。

【教学过程】

（一）激情引趣，走进新课

（1）播放西藏风景图片，提问：同学们观察图片上的风景是哪里？

（2）提问：大家是不是也想到西藏去旅游呢？有谁知道怎么才能到西藏去呢？在去之前，让我们来对西藏做个考察吧，这样会给我们旅途提供很大帮助。西藏的地理位置和我们这里大不一样。当初为了发展西藏经济，我们国家就建设了青藏铁路，当时提供了三条线路：青藏线、川藏线、滇藏线。那为什么最后选择了青藏线建设铁路呢？

（3）先请同学们观察这两张表格（展示青藏线海拔高度变化图和川藏线海拔高度变化图两组数据），我们分别沿着青藏线和川藏线每隔200公里提取一个高程点，绘制成海拔高程变化图。提问：细心的同学在学中国地理时可能有这样的疑问，川藏线的景观众多，海拔更低，可以从低海拔地区逐渐过渡到高海拔地区，这样更适合欣赏沿途的无数美景，那么为什么国家选择青藏线修建铁

路而不选择川藏线修建铁路呢？你能从这两个表格中一眼看出原因吗？（展示由表格数据创建的两幅图）

（4）让学生比较表和图，看哪个能更直观、更美观地反映问题。

（二）布置任务，自我探究掌握图表的制作及作用

（1）既然图表能更直观地表达问题，那么我们这堂课来学习把Excel表格数据创建为图表的方法，分析在Excel中创建图表的步骤如下。

① 选定表格的数据区域。

② 单击常用工具栏"图表向导"按钮或单击"插入"菜单中的"图表"命令。

③ 根据要求选择"图表类型"（有多种子图表类型可供选择）。

④ 单击"完成"按钮，完成图表的制作。

学生先操作，同时教师把数据转化为图表的操作步骤投影到屏幕上，供学生操作时参考。然后让学生演示"青藏线海拔高度变化图和川藏线海拔高度变化图"这两组数据转化为折线图表的操作步骤，强调数据区域的选择应包括X轴标题和Y轴标题。

（2）教师介绍三种常用图表的用途。

针对不同的信息需求，应该使用不同类型的图表（见表4-8）。

表4-8　三种图表的特点

图表类型名称	使用特点
柱形图表	适用于比较数据间的多少与大小关系
折线图表	适用于按时间轴表现数据的变化趋势
饼形图表	适用于描述数据之间的比例分配关系

图表化增强了数据的可读性，更容易发现和理解数据的性质、特征及其变化规律。（同时大屏幕演示）

（3）布置如下基本任务。

打开Excel文件"西藏旅游考察"工作簿中对应的3张工作表"拉萨各月平均降水量（毫米）""拉萨年气温表""西藏民俗节日在各月份中的个数"。

① 根据图表的特点及要求，选择合适的图表类型将3张表格转换成图表。

②结合图表分析数据，谈一谈你认为什么时候去西藏旅游比较合适。

③做完图表后，阐述教师所选择图表类型的理由。

（4）提高要求（视学生情况进行选讲的内容）。

①图标选项的设置：添加图表标题和坐标轴标题。

②表格式要求：给图表区和绘图区添色。

（5）在完成任务的同时，分别找三组学生中的一位学生演示三种图表的基本完成步骤，其间可以找一位完成较好的学生帮助差一点的学生，在饼图演示时提示学生添加数据标志中的百分比。

（6）教师点评并分析。

（三）巩固练习

选择出最合适的图表类型　　　A.柱形图　　B.饼形图　　C.折线图

（1）不同产品年销售量对比——A

（2）中学生上网人数各年级分布——B

（3）某产品6个月以来的销售业绩，预测销售情况——C

（4）不同产品的销售量占总销售量的百分比——B

（5）每年各类资料的数目——A

（四）小结

表格是处理数据的一种有效办法，而表格数据的图形化处理则更加直接和简洁。图表的作用在很大程度上就是将那些看似关系并不十分密切的数据以直观的形态展现在人们面前，增强信息的可读性、可比性，为人们解决问题、做出决策或预测发展提供帮助，是数据分析过程中的有效手段。图表化的真正含义是增强数据的可读性，使人们更容易发现和理解数据的性质、特征及其变化规律。

【教学反思】

本节内容的课标要求是教会学生根据任务需求，能够熟练使用图表处理工具软件加工信息、表达意图。本节课是笔者以"西藏旅游考察"为主线而进行设计的，整个教学环节的步骤为：导入课题——展示任务、自主探究、建构新知、小组合作——拓展练习、形成能力——评价总结、深化理解——自我评价。在教学中，笔者把课堂交给学生，学生通过任务驱动、小组合作、自我探究的学习方式进行学习。以下是笔者对本节课的总结。

1. 成功之处

（1）教学目标明确，学科核心素养定位合理。

（2）课堂中学生的主体地位突出，教师的主导作用明显，学生的自主探究和小组协作精神得到充分发挥。

（3）整个教学科学规范、结构完整、紧凑有序、衔接自然，教学过程层次分明、任务递进，体现了学生不断探索进取的过程。

（4）大胆运用研究性学习的活动方式，让学生学会分析、研究和思考问题。在教学中整合研究性学习的方式，通过对相关研究问题的思考讨论，在学习过程中，学生学会合作，学会用信息技术手段分析问题、解决问题，善于发现事物的性质及变化规律。

（5）在教学中紧密贴近现实生活，引发学生思考。笔者利用合作探究课题的任务环节，让学生对课题的数据进行统计分析。笔者在课题内容上做文章，抓住一些贴近学生生活的调查课题，询问学生从图表中选择何时去西藏旅游，让学生学会用信息技术手段去解决问题，学以致用，唤起内心思考，培养积极向上的心态和健康阳光的行为以及良好的班级团队荣誉感等，并进一步体会信息技术与现实生活的紧密联系。

（6）注重细节，在探究中能及时提醒学生；任务适中，注重展示学生的作品。

2. 不足与提高

（1）分层教学思想有所体现，但任务本身内容的难易程度设置上分层性不够突出，课堂中出现的问题没有得到及时的解决，可以尝试将任务细化分解、深入，使所遇到的问题得以解决。

（2）学生演示操作太简单，对学生的作品没有很好地展示及评价。教学中的一些细节没有得到很好的处理。

（3）文字采集报告完成得不够理想。

（4）在导入方面如果使用视频代替图片，效果会更好。

（5）在评价量规方面，没有相应的标准对学生的作品进行评价。

"图片的处理与合成——用Photoshop设计书籍封面"教学设计

广东省韶关市田家炳中学 黄晶晶

（所需课时：1课时）

【教材分析】

本节课选自浙江教育出版社2004年版《信息技术基础（必修）》"第三章 信息的加工"之3.3"多媒体信息处理"，主要教学内容是"3.3.1 图像处理——图片的处理与合成（设计书籍封面）"。需要学生运用所具备的信息技术，发挥自身的创造力和想象力，恰当地表达自己的思想，设计出具有一定内涵的作品。

从教材内容来看，无论是图片的分类还是图片的合成，都是社会参与、实际生活走进课堂的具体体现，在学生已经初步了解图片基本常识的基础上，选用最受用户欢迎的图形图像编辑制作软件Photoshop，以制作联系学生学习与生活实际的图片处理为目标，设计了用Photoshop设计书籍封面的任务，利用教师自制微课给学生提供自主学习的支架，为学生提供了一个良好的自主学习平台，使学生对图片素材的处理由表到里都有较深刻的认识。

【教学对象分析】

本课的学习者是高中一年级学生，该年龄段的学生求知欲强、思维活跃、视野开阔、富有个性，他们的感知能力和思考能力较强，通过初中学习已掌握了基本的信息技术知识和技能，他们渴望学到更多更有趣的信息技术知识。学生通过前面的学习，对移动工具、选取工具等知识已有了解，具备了一定的创作基础和自主学习能力，他们已不满足对简单的文字、图片媒体进行处理，他们希望挑战更高难度的作品设计与创作，迫切希望将这些技能用于解决实际问题。而Photoshop是一个功能强大的图像处理软件，操作复杂，学生学习起来有一定困难。为了让学生能够顺利地完成任务，获得成就感，在课前就需要准备充足的学习资源，在教学中给学生创造自由发挥的空间，让学生在兴趣中自主学习。

【教学目标】

1. 知识与技能

（1）了解书籍封面的制作流程，掌握封面设计的一般规律和要点。

（2）掌握抠图工具、图层蒙版、文字工具的使用方法和技巧。

（3）学会综合运用所学知识制作一个主题鲜明的图片合成作品。

2. 过程与方法

（1）通过微课进行自主学习，掌握利用资源学习信息技术的方法。

（2）经历创作静态电子图像作品的过程，掌握图片合成的方法。

（3）欣赏与评价作品，学会用图形图像设计表达主题，交流思想。

3. 情感态度与价值观

（1）经历创作图像作品的全过程，激发对图像进行艺术加工的兴趣，加强利用网络进行终身学习的意识，养成严谨的学习态度。

（2）培养与他人的合作意识，逐步学会欣赏和正确评价他人。

（3）通过为《最美孝心少年》一书设计封面，让学生感受中华传统美德孝文化的魅力，激发学生弘扬传统美德的激情，提高学生对关注生活、珍爱生命、积极参与社会活动的重要性的认识。

【教学重难点】

1. 教学重点

掌握制作书籍封面的方法。

2. 教学难点

抠图工具、图层蒙版、文字工具的综合运用与处理。

【教学策略的选择与设计】

《普通高中信息技术课程标准（2017年版）》要求：内容设计既注重技术深度和广度的把握，适度反映前沿进展，又关注技术文化与信息文化理念的表达，更关注信息技术核心素养的提升。于是笔者在本课中采用"课前预习→情境引入→任务驱动→自主学习→合作探究→交流评价"的教学过程，使学生理解并会运用Photoshop制作书籍封面，提高学生独立运用Photoshop设计作品的能力。以"最美孝心少年"为主线，让学生体验信息技术蕴含的生活情感，感受中华传统美德孝文化的魅力，提高学生对关注生活、珍爱生命、积极参与社会活动的重要性的认识，使学生保持对信息技术学习的强烈求知欲，进一步激发学生用电脑技术创作作品的热情，形成积极主动地学习和使用信息技术、参与信息活动的态度。

以培养学生核心素养为宗旨，主要采用任务驱动式、自主探究式教学法，不断地完善自己的作品，精益求精，最终从知识与技能、过程与方法、情感态度与价值观三个维度达成教学目标，提升学生核心素养。

（1）演示教学法：通过在多媒体教室实际操作演示用Photoshop制作书籍封面的过程，向学生展示书籍封面的设计方法，简洁直观，有利于学生克服畏难情绪，尽快进入学习状态。

（2）讲授法：向学生讲解书籍封面的设计步骤，介绍Photoshop界面。在学生自主探究之前，先进行基础知识的讲解，有利于学生加深对任务的理解，打下扎实的理论基础。

（3）任务驱动法：在教学过程中，通过设计一系列的学习任务，把教学内容隐含在任务之中，驱动学生自主探究，自己上机完成任务，让他们在实践中体会、提高，在同学之间的互相学习和交流甚至争论中激发学习兴趣，开阔思路，既培养了学生的动手实践能力，又提高了学生的实践探究、交流合作及解决问题的能力。

（4）案例教学法：选取的案例取材于往届学生的习作，通过提供的案例及设置的问题，引导学生进行分析，训练学生解决实际问题的能力。

（5）自主探究法：教师展示自己录制的微课为学生提供学习支架，通过设置层层递进的学习任务，促使学生能顺利进行自主学习，探究学习任务的答案，最终达成学习目标。

本课的任务是使用Photoshop软件完成《最美孝心少年》一书的封面设计。

任务一：设置画布大小。［基础性任务（全部完成）］

任务二：添加合适的背景效果。［基础性任务（全部完成）］

任务三：添加文字。［基础性任务（全部完成）］

任务四：实现图文融合。［提高性任务（大部分完成）］

拓展任务：制作封底和书脊。［拓展性任务（兴趣浓厚者完成）］

基础性任务要求全体学生都能完成，提高性任务将根据学生的基础能力来适当地进行调节；拓展性任务主要针对的是有相当浓厚兴趣的学生，也可以作为课外活动任务来进一步研究。这样可以形成一个比较完善的研究体系，从而提高学生的信息素质。在教学过程中将根据每个学生的个体差异性提出不同要求。

【教学资料与工具设计】

（1）硬件环境：多媒体电脑室，教师机1台，学生机60台，投影机。

（2）软件资源：①Photoshop软件；②电子文稿出示任务和帮助信息；③提供学生学习的微课、图片素材等相应的学习资源；④多媒体教学管理系统。

【教学过程】

（一）创设情境，导入新课

1. 广播教学，猜谜导入

短弓长箭丹心谱——打一文化用品（书）。

学生活动：学生回答激发兴趣。

设计意图：提出谜语，引出本课将要学习的内容。

2. 展示介绍，设下悬念

今天老师给你们带来了一本书（课件展示："CCTV第一届寻找最美孝心少年"故事《孝心少年风采录》）。由这本书，我想到了一个人、一些故事，我们一起来欣赏一下。

3. 观看视频，各抒感慨

视频：《众里寻你——2016年全国最美孝心少年先进事迹》。

引导：8岁的孩子，凭借为父母分忧的孝心，凭借日子一定会好起来的信念，凭借做好自己的坚持，战胜了一切，感动了我们。

观看视频，引发思考。

4. 设置情境，引发思考

9月27日，中央电视台2016"众里寻你——寻找最美孝心少年"大型公益活动颁奖典礼录制完成，各届热心人士正准备为2016年"最美孝心少年"的故事撰写一本书，我们能否也用自己所学的电脑知识传递他们的孝心，表达我们的敬意呢？

引导：这节课，就让我们一起感受中华传统美德孝文化的魅力，一起来做一位小小的设计师，为《最美孝心少年》一书设计一个封面，把中华传统美德孝文化传承并发扬光大。

5. 显示课题：图片的处理与合成——用Photoshop设计书籍封面

学生活动：了解本课学习任务，并思考如何执行任务。

设计意图：设置情境，提升精神境界，激发学生弘扬中华传统美德孝文化的热情，引导学生关注生活、珍爱生命，积极参与社会活动。

（二）知识铺垫，布置任务

1. 作品欣赏，学生归纳

展示各种类型的孝心书籍封面，学生课前已利用微课进行自主学习，课中小组代表简要介绍。

（1）不同种类的书籍封面的风格和特点。

（2）书籍封面设计的三大要素。

（3）书籍封面包括哪些内容。

（4）书籍封面的制作流程。

2. 展示任务

选取合适的书籍类型，根据教师提供的素材，制作体现孝心的书籍封面，为《最美孝心少年》一书制作一个个性化的封面。

要求：图文并茂，并将制作的作品命名为"小组名+姓名"（如：02张三），然后上传到学习网站作业提交栏上，每个小组推选一份优秀作品到优秀作品栏目中，所有小组提交完成后，各小组对推选出来的作品进行投票（每小组最多只能投2票），最终评选出本课的冠军组、亚军组和季军组。明确本课需要完成的任务，回顾已掌握的知识并迁移到新任务中。

学生活动：明确本课需要完成的任务，回顾已掌握的知识并迁移到新任务中。

教师活动：学生对任务产生吸引力，产生动手尝试的愿望和动力。明确本课的任务，做到有的放矢，为学生顺利进行自主创作提供保障。

（三）学生探究，教师点拨

1. 分解任务

分小组探究新知，两个小组尝试完成一个任务。

（1）设置画布大小。

（2）添加合适的背景效果。

（3）添加文字。

（4）实现图文融合。

引导：大家可以结合以前我们所学的知识，参考教师共享的微课资源。

2. 小组代表上台分享探究成果，教师点拨

（1）启动Photoshop软件，选择"文件"→"新建"，新建一个画布，设置画布大小（根据自己喜好进行设计，如A4、A5、A6等）。

（2）尺寸大小的设置：选择"图像"→"画布大小"，可调整画布大小。

（3）添加背景：可以是单一色、渐变色，或是选择合适的图片作为背景。

（4）添加文字：使用文字工具，对文字进行修改和编辑，设置字号、字体、样式等。

（5）修饰封面：可选取合适的工具抠图，调整图片的大小、位置等，配合运用图层蒙版、图层样式等工具，实现图文融合。

（6）保存作品："文件"→"存储"，文件类型. psd和. jpeg。

学生活动：观察教师与学生代表演示操作过程，其他同学反思自己的操作，发现问题，提出解决方案。

设计意图：及时反馈学生课堂学习情况，给学生表现的机会，也给其他学生树立榜样，有利于激发学生的创作激情，寻求最佳操作方法。

（四）自主创作，完善任务

任务：学生利用所学技术制作书籍封面。

（1）教师巡视，观察学生的制作过程。

（2）对有困难的学生给予辅导，同时引导他们多用探索的方式，自己找出解决问题的方法，多向小组其他成员学习。对于理解能力、动手能力强的学生，引导他们进一步尝试制作封底和书脊等拓展任务。

（3）提示：如果在学习中遇到困难，可以请教本组同学，也可以借助微课解决问题。

（4）提醒相邻学生互相评价作品，给出修改意见。

学生活动：自主学习，本组同学相互欣赏作品，讨论、摸索、实践，比一比，赛一赛。

设计意图：尝试自己解决问题，学会根据主题选择素材、创作作品，同时促进学生合作交流学习。

（五）交流评价，体验成功

（1）完成作品的学生提交作品，看看哪一组的所有成员最先完成。组长检查本组完成情况。

（2）小结学生的完成情况，鼓励学生大胆汇报自己的作品，展示部分学生的作品，围绕思想性、科学性、艺术性、技术性等进行简单评价。

（3）组织学生在各组选出的作品中进行总评，选出本节课的冠军组、亚军组和季军组。

学生活动：全班学生欣赏作品，参与作品的评价。

设计意图：及时表扬，给学生展示自我的机会，并学会欣赏评价他人的作品。

（六）课堂总结，情感升华

今天运用了文字、油漆桶、抠图工具以及图层样式、添加图层蒙版等为《最美孝心少年》一书设计了一个封面，我想他们一定会喜欢。

百善孝为先，孝为德之本。作为青少年，我们要把中华传统美德孝文化传承并发扬光大，今天我们看到了慈孝美德在青少年心灵中生根、发芽、开花、结果，老师相信，"孝行天下、爱满人间"的理想也终将成为美好的现实，希望同学们在以后的生活中，多关注生活、珍爱生命，积极参与社会活动，并能把它们用我们的技术展示出来，从而设计出更新颖更美好的人生蓝图。

学生活动：回顾过程，自我总结。

设计意图：鼓励学生，激发学生的学习兴趣，把信息技术教育延伸到课外。

（七）布置作业，任务拓展

自选主题创作电脑艺术设计书籍装帧作品，要求同全国中小学电脑制作活动竞赛。

设计意图：巩固所学，培养创作能力和分析实践能力。

（八）教学反思

课堂以"最美孝心少年"为主线展开，关注信息技术核心素养的提升，提高学生对关注生活、珍爱生命、积极参与社会活动的重要性的认识。

在课前，笔者采用了微课给学生预习，教学过程中，笔者先让学生归纳预习成果，介绍书籍封面设计的大致流程"设置画布大小—添加背景—添加文字—拼合调整素材—保存"，然后让学生根据流程进行自主探究学习。这样的设计让学生在仅仅只是学习技术的基础上又提升了一个档次，对作品的创作有了更深刻的认识。并且在学生探究之初，分小组完成四个问题，学生带着问题边思考边探究，充分调动了学生探究的欲望，指明了探究的方向，学生的学习效率明显提高，做到了有的放矢。对于教学的重难点，笔者采取的并不是直接讲授的方法，而是通过微课自学、找学生演示，或者师生共同探讨的方式进行讲解，这样的教学效果远远比先讲后练要好，学生经历了发现问题、解决问题的过程，锻炼了思维。

1. 充分体现了以学生为主体、教师为主导的新课标理念

在整个教学过程中，无论是课堂导入、解决问题还是评价，教师一直扮演着引领、解惑的角色。

2. 学习任务贴近学生生活，激发学生的学习兴趣

本节课的导入环节让学生猜谜后观看"最美孝心少年"先进事迹，激发学生的求知欲，笔者选择"孝文化"作为主线来完成本节课的学习任务，从而使学生对本节知识有更深刻的学习和理解。

3. 任务驱动合理、恰当

在进行任务设计时，主要以《最美孝心少年》一书的封面制作为主线，本节课的学习任务按照认知规律进行设计，从简单的任务递进到复杂的任务，循序渐进，不断激发学生继续学习的兴趣。

4. 注重课堂有效性原则

即时练习、即时反馈能够帮助学生在课堂上掌握所学知识并加深理解。在作品展示评价环节，笔者采用口头评价和量化评价方式，量化评价由自评、互评、师评相结合而成，并让学生及时知道自己的学习情况。

"揭开信息编码的神秘面纱"教学设计

广东省乐昌市城关中学　吉同娟

（所需课时：1课时）

【教材分析】

本节课程是浙江教育出版社出版的普通高中实验信息技术必修教材《信息技术基础》中的第一章第二节"信息的编码"前面两小节的内容。

教材以字符的二进制编码为主线，介绍了信息的数字化表示方面的知识。学生通过对二进制的了解，可以明白为什么要对数字、字符、汉字、声音、图像和视频等进行编码和数字化。教材对于本章本节给出的教学指导意见为：了解信息编码的意义，仅要求学生掌握二进制数与十进制数之间的转换方法，不要求记忆ASCII字符编码表。通过对本节课的学习，揭开了电脑工作的神秘面纱，激发了学生深入学习信息技术知识的兴趣和强烈的求知欲。

【学情分析】

本节课的学习者是高一新生，对于他们来说，本节课的内容在初中一年级第一册中就已经提及，他们对二进制并不陌生。但初中一年级的信息技术教材中对于信息的编码只提及了二进制，并没有深入探究信息编码的原理和意义，也没有告诉学生如何将二进制转换为十进制。本节课，笔者认为，教学目标应该定位于让学生更加深入地探究计算机编码的工作原理。教师只需恰如其分地加以引导，提供各种教学资源帮助学生，调动学生的积极性，激发学生自觉体验、思考探究的兴趣。

【教学目标】

（1）学生能说出对信息进行编码的原因。

（2）学生能将二进制数和十进制数相互转换。

（3）学生能够查看ASCII编码表，并清楚ASCII码在计算机中的存储方式。

【教学重点】

二进制与十进制的转换方法。

【教法和学法】

本节课采用的模式是：以教师为主导、学生为主体，以"学生体验编码、引出疑问——研究二进制与十进制之间的转换——解决疑问"为主线，将引疑、讲解、自主探究等教学方法相结合，并结合程序体验、演示、练习等教学手段进行课堂教学。

学法主要有探究法、练习法。

【教学过程】

（一）引入课题

本节课以心理魔术程序小U能猜出学生姓氏的体验引入，然后抓住学生好奇小U是如何做到的心理，引出信息编码的定义及意义。

（二）进入新课：讲授新课并由学生探索总结

（1）信息编码在我们生活中是非常常见的。从生活中常见的信息编码的例子推断信息编码的定义及意义。提出问题：不同的领域有不同的编码方式，那么最常见的计算机又是如何进行编码的呢？由学生讨论回答刚刚提出的问题，然后以计算机产生的背景和开关的两种状态说明其原因，并由此引出本节新课的第二个知识点：二进制及二进制与十进制之间的转换。

（2）引出二进制，讲解二进制与十进制之间转换的方法。本节课授课的对象是高一学生。他们在初中一年级已经初步了解过二进制，教师只需要利用例子和类比的方法，让学生掌握二进制与十进制之间的转换方法，之后让学生通过微课和导学案自主探究，完成练习，教师通过问卷星及时了解学生的掌握情况，进行纠错及查漏就可以了。

（3）通过一个学生喜爱的动画人物柯南引出一个小故事《嫌疑人X》，学生利用刚刚学习过的二进制与十进制之间转换并探究新知识ASCII字符编码表，帮助柯南完成破案。教师通过问卷星反映的学生完成情况进行引导和纠错即可。

（4）呼应本课开头，为学生讲解小U的编码方法：先对姓氏进行编码，一般直接使用十进制，把十进制转换成二进制后，通过二进制只有0、1两个数字的基数，0、1分别表示不同姓氏在不同卡片是否存在的状态进行编码。解密后，让学生尝试找到自己的姓氏在小U中的编码。

（5）布置相对应的练习，让学生可以课后完成扩展任务，加深对前面知识的理解。

（三）总结结论，强化认识

对这节课的知识要点进行小结，加深学生对本课内容的理解，并提出让学生今后要注意保护好自己的信息编码，同时也尊重他人的信息编码。

【教学反思】

2020年9月30日，笔者在新丰一中上了一节高一信息技术课"揭开信息编码的神秘面纱"。本节课的内容为浙教版的《信息技术基础》里第一章第二节的第一节课时。本节课的教学目标为学生知道信息编码的定义及目的，可以进行二进制及十进制的转换，能够使用ASCII字符编码表查找相应的字符。

从教学效果来看，本节课基本完成了预先设定的目标。学生对信息编码的概念及目的比较明确，大部分学生能够掌握二进制与十进制相互转换的方法。ASCII字符编码表只要求学生掌握基本知识，了解ASCII码的位数、在计算机中的存储方式等简单内容，学生对这部分内容掌握较好；对于十进制转换成二进制的方法，有小部分学生对计算方法除2取余、倒序排列还有些困惑。从本节课的亮点来看，笔者利用心理魔术小程序作为导入游戏，能够较好地引起学生的好奇心，激发学生的学习兴趣；在教学方法上，笔者大胆采用了学生自主探究的方式，放手让学生通过导学案和微课，通过任务推进本节课的内容；在教学评价上，笔者采用了问卷星工具，让学生在完成任务后能够马上了解自己的完成情况，也能让教师在课堂上实时看到学生的学习情况以及反馈，并对于反馈上来的问题及时进行有针对性的讲解。总的来说，这是一堂比较具有信息技术学科特色的课。教学设计新颖独特，关注每一名学生，尊重学生的主体地位，课堂以学生自主探究和活动体验为主，生动有趣，凸显新课程理念；教学资源准备充分，采用了益智小程序、微课、导学案、在线测试问卷等多种教学资源进行情境创设、学习支架提供和课堂及时反馈，技术含量高；教学内容丰富多彩；教学流程流畅，层次分明，环环相扣；教师基本功扎实，专业素养好；与学生互动恰当，注重对学生信息意识、计算思维、数字化学习与创新能力及信息社会责任四大学科核心素养的全面培养，课堂气氛热烈，达到了很好的教学效果。

笔者认为本节课有七个失误：一是没有在课前备好环境，也没有备好学生，对学生的知识层次没有进行深入调查，导致在课堂上出现了三次因为控制软件而打断课程的情况；二是在任务设置上偏多，学生没能做到分层教学，除了三个基本任务外，还设置了三个扩展任务，使整个课程显得有些赶；三是由于没有把控好在课堂上学生们完成任务的时间，导致本节课拖了近6分钟时间才匆匆结束；四是在讲二进制数时有口误，没有及时纠正学生对二进制数10称之为十的叫法；五是在对二进制和十进制进行表述时加上了括号，却没有加数字下标，而是加了进制单位；六是教师的心态还是比较紧张，整节课的语速比较快；七是有心关注全体学生，但采用的方式不够民主。

笔者认为，今后的改进方向有以下六点：一是在课前应花上2分钟时间为学生强调导学案、微课的用法，鼓励学生进行自主探究。二是一节课的时间里放了两节课的内容，导致时间紧，任务重，有些教学环节无法实现，有超时现象。今后应删除部分环节，把三个拓展任务提供给学生课后思考。比如对ASCII码的基础内容完全可以放到课后让学生自主完成，不必在课堂上当堂完成。三是改正在课堂中出现的错误的进制写法。四是在课堂上讲到心理魔术程序小U时，在讲解完一个例子后，可以通过讲解编码题目里的一个练习，让学生对小U的编码方式有更直观的了解。五是改正自己在表达上出现的语速过快的问题，尽量规范上课的语言，做到语言流畅、语速得当、表达规范。六是今后要注意在课堂中的表述方式，要尊重学生，提供更多的选择给学生。总之，在今后的课堂中，教师一定要平稳心态，做到教学设计严谨、课堂掌控到位。

"网上资源检索——幸福是什么"教学设计

广东省乐昌市城关中学　吉同娟

（所需课时：1课时）

【教材分析】

　　"网上资源检索"是普通高中课程标准实验教科书《信息技术基础》（浙江教育出版社）的第二章第三节。在此之前，学生已经学习了"因特网上的信息的浏览与获取"这一节内容，为过渡到本章节起到了铺垫作用。本章节不但承接了前面的内容，还为后面信息的处理一章提供了基础，它是教材中承上启下的重要一节，也是信息技术基础上培养信息意识的重要一节。在当今的信息化社会中，网上获取信息资源的能力是信息素养的一种体现。这节课的内容应以创设情境，培养学生从网络上获取信息资源用于解决生活实际问题的能力为主。

【学生分析】

　　高一学生都有一定的上网经历，能利用搜索引擎来获取信息，但普遍存在的问题是没有对搜索技巧进行系统的归纳及应用。教师要结合学生原有的认知基础，然后加以归纳提升，使学生在实践中不断总结积累利用网络搜索信息的经验，不断提高自己的网络信息搜索水平，部分基础较差的学生则通过小组合作营造交流学习、团结协作的教学氛围。

【教学目标】

从现实出发，网上检索信息的三种途径中最常用、最广泛的就是全文搜索引擎，而全文搜索引擎中又以百度搜索引擎为主。本节课的教学目标如下。

1. 信息意识及计算思维

让学生掌握使用浏览器登录百度搜索页面的正确方法，并能使用百度搜索引擎搜索文字、图片、音乐等日常需求，能够掌握百度检索信息的实用小技巧，并能快速准确地找到搜索信息进行归纳。

2. 数字化学习与创新

通过学生自主探究学习、完成任务及实际操作等学习过程，培养学生的学习兴趣，在任务中学会解决实际问题。

3. 社会责任

培养学生感知幸福的能力，让学生学会珍惜，学会感恩，学会在日常生活中发现幸福，珍爱生命。

【教学重难点】

1. 教学重点

学生能掌握使用百度搜索引擎搜索文字、图片、音乐的技巧。

2. 教学难点

学生能够掌握百度检索信息的实用小技巧，能快速准确地找到搜索信息并进行归纳。

【教学策略】

信息技术是培养人能力的一门学科。吕叔湘说过："教学，就是教会学生怎样去学。教学的方法，不只是把知识传授给学生，更重要的是教会学生学习的方法。"让学生成为课堂的中心，由被动学习转变为主动学习，让学生真正成为学习的主人，并且在学习中得到认识和体验，从而获得成就感，这是本节教法选择的宗旨。本课主要以任务驱动、学生自主探究、小组合作完成任务为主要活动方式，充分调动起学生的积极性，激发学生对解决实际问题的渴望，培养学生完成任务的能力。为达到最佳的教学效果，笔者选择了活动探究法、分组讨论法和点拨指导法三种教学方法。为提高课堂效率，为学生提供不同的微课，最大限度地给予学生学习的选择权。

归纳起来为以下五点。

（1）巧设导入，激发兴趣——想学。

（2）指导学法，自主探索——乐学。

（3）自主探究，搜索体验——善学。

（4）深化知识，提升技巧——会学。

（5）使用知识，解决问题——会用。

【教学方法】

人们常说"现代的文盲不是不识字的人，而是没有掌握学习方法的人"，为此，笔者在教学过程中特别重视对学生学法的指导，让学生从学答到学问转变，从学会到会学转变，真正成为学习的主人。这节课在指导学生学习和培养学生的学习能力方面，笔者主要采用了思考学习法、自主探究法、总结归纳法。

【教学课时】

1课时（40分钟）。

【教学环境】

多媒体网络教室、教学控制软件、课件、素材、提交文件夹。

【教学过程】

（一）创设情境，引入课题（5分钟）

1. 教师活动

（1）教师请学生闭上眼睛，聆听一首诗词朗诵的录音。

（2）提问：大家是否知道这首诗歌的名字及其作者，这首诗歌是诗人在什么样的心境下写下的？如果不知道，我们要如何查找答案？如果使用互联网查找，要如何查找呢？

（3）教师演示在百度上搜索"面朝大海，春暖花开"的有关内容。

2. 学生活动

（1）学生听朗诵录音，代入情境中，回答教师问题。

（2）学生回答使用互联网查找信息的方法。

设计意图：①吸引学生注意力；②让学生知道利用网络获取信息是其中一种方式，选择它的理由是其方便、快捷的特点，引入搜索引擎。

（二）学生通过学案进行自学（3分钟）

1. 教师活动

（1）提出问题：什么是互联网、搜索引擎和查询字？查询字与搜索结果之间的关系是什么？利用百度搜索引擎的注意事项有哪些？

（2）让学生通过学案带着问题自学后提问：查询字与查询结果之间是什么关系？

（3）教师提出本节课的评价标准。

2. 学生活动

学生自学学案，内容为互联网、搜索引擎和查询字的概念及百度搜索小技巧，之后回答教师提出的问题。

设计意图：让学生通过自学学案了解互联网、搜索引擎、查询字的概念。

（三）学生完成任务一（10分钟）

1. 教师活动

（1）教师演示上交作业的途径及方法。

（2）播放歌曲，巡视学生完成任务的情况，解决学生提出的问题。

（3）展示任务一答案，要求学生通过对比答案，在评价表中为自己评分。

2. 学生活动

（1）学生完成任务一，并上交到教师服务器中。

（2）学生自评。

设计意图：让学生用自学到的搜索技巧搜索相关信息，熟练使用搜索引擎搜索文字的方法。

（四）引导学生思考"幸福是什么"并完成任务二（20分钟）

1. 教师活动

（1）提出疑问：《面朝大海，春暖花开》作者的结局是什么？你心目中的幸福是什么？你身边有发生什么让你感到幸福的事情吗？

（2）教师巡视学生完成任务的情况，并关注任务提交情况。

（3）教师点评学生作品。

2. 学生活动

（1）查询资料并回答教师问题。

（2）学生分组通过观看教师微课学会搜索下载图片及音乐并完成任务。

（3）做得较快较好的组上台来展示本组作品，一人朗诵，一人播放图片。

（4）学生通过任务完成情况对自己的表现进行自评。

设计意图：①让学生通过任务驱动，使用微课自学搜索及下载图片和音乐的方法；②让学生一边完成任务，一边思考"幸福是什么"；③让学生展示自己。

（五）总结（2分钟）

（1）本节课学习了如何使用搜索引擎搜索自己想要的相关内容，包括文字、图片和音乐。

（2）学会如何在日常生活中感受幸福、发现幸福，并注意分辨网络中资源的好坏。

"计算机的网络身份——IP地址"教学设计

广东省南雄市第一中学　刘宏英

（所需课时：1课时）

【教学内容分析】

本节内容是广东省教育出版社《网络技术应用（选修3）》第二章第二节的内容。在学习接入互联网以后，教材中安排了对IP地址的知识学习。有些教材会把这部分内容的学习放在域名知识之后，而本书的安排可以让学生更好地理解技术发展的思想和过程。先讲域名的知识，然后讲述IP地址，还需要在学习了IP地址的知识后，再讲述域名的解析过程。而现在的安排则是在完成了IP地址的学习后，学生了解到IP地址不便于人们的记忆，于是提出了域名系统来帮助人们解决问题，然后分析它的域名与IP地址的对应关系。层层深入的方式会讲得更加透彻，也可以培养学生运用信息技术解决实际问题的意识。

【教学重难点】

1. 教学重点

（1）IP地址的格式和分类。

（2）IP地址的管理机构。

2. 教学难点

IP地址的分类。

【教学对象分析】

虽然学生有互联网使用的经验，但不知道互联网的组织结构形式与管理方法。对大多数学生来说，IP地址还是一个抽象的、新鲜的概念，当然也有个别学生在课前就使用过IP技术解决所遇到的问题。高中学生已经具备较强的概括能力，逻辑思维能力也日趋严密。他们能够对各种现象加以比较、分析，并说明问题。他们具备了接受更高层次文化的能力，通过实验感受技术背后的思想方法。

【学科核心素养】

（1）能够根据解决问题的需要，自觉、主动地寻求恰当的方式获取与处理信息。（信息意识）

（2）能够采用计算机领域的学科方法界定问题、抽象特征、建立结构模型、合理组织数据。（计算思维）

（3）掌握数字化学习系统、学习资源与学习工具的操作技能，用于开展自主学习、协同工作、知识分享与创新创造。（数字化学习与创新）

（4）对于信息技术创新所产生的新观念和新事物具有积极学习的态度以及理性判断与负责行动的能力。（信息社会责任）

【教学目标】

1. 知识与技能

理解IP地址的格式和分类，知道IP地址的管理办法及相应的重要管理机构。

2. 过程与方法

体会IP地址在网络中的重要地位，能从日常生活、学习中发现需要利用信息技术解决的问题。

3. 情感态度与价值观

了解到技术的实现方法，提高学习网络技术的兴趣，让学生养成文明上网的习惯。

【教学策略】

本课采用讲授课教学。在教学过程中，教师起主导作用，运用启发诱导性的设疑向学生叙述有关IP地址的事实材料，描绘所讲的IP地址知识，使学生形成鲜明的表象和概念，从情绪上得到感染。引导学生关注新知识并进行思考，学生在倾听、反馈和实验过程中建构知识。

【教学媒体选择】

网络教室、多媒体课件。

【教学过程】

（一）情境导入

播放视频《IP地址破案》，吸引学生的注意力，创设情境，使学生融入课堂中来。

引导学生观看材料并思考问题：公安机关是依据什么来破案的？为什么IP地址能找到犯罪团伙所在的位置呢？

IP地址是计算机的一种标识，对应了网络中相应的物理地址。

（二）新课学习

1. IP地址的含义

众所周知，在电话通讯中，电话用户是靠电话号码来识别的。同样，在网络中，为了区别不同的计算机，也需要给每台计算机指定一个唯一的编号，这个编号就是计算机的IP地址。

2. IP地址的格式

（1）查一查：查看自己计算机的IP地址。

学生查看本机IP地址，归纳出两种查看IP地址的方法。

方法一：TCP/IP属性。

方法二：ipconfig命令。

（2）看一看：IP地址的格式特点。

学生回答，教师根据学生的回答进行补充并解释原因。

格式特点：四段，三个圆点分隔，每段的取值范围是0～255。

原因：每段用一个8位的二进制数来表示。那么，一个8位的二进制数所表示的数的范围是多少呢？最小的数即是各个位上都是0，8个0对应的十进制数还是0；最大的数即是各个位上都是1，8个1对应的十进制数是255。所以0～255，共256个数。

或者用数学上的排列组合知识来理解：共8个位置，每个位置有两种选择（0或1），所以共有2^8种选择，即256种选择。

（3）比一比：观察自己计算机的IP地址并与相邻同学计算机的IP地址进行比较，总结一下有什么特点。

教师小结：所有同学所用计算机的IP地址的前三段都相同，都是192.168.1，最后一段是自己计算机的编号。

解释原因：IP地址分为两段，即网络号和主机号。

因为大家所用计算机都在同一个机房，都处在192.168.1这个网段下，所以IP地址的前三段相同。那么自己所用计算机是这个网段下的哪一台计算机呢？用IP地址的最后一段来区别。

（4）想一想：在192.168.1这个网段下，最多有多少台计算机？

学生回答：根据IP地址各段的取值范围很容易得出是0～255，共256台。

教师补充：有两个特殊的号不能分配给具体的计算机，那就是主机号全为0和全为1的情况。全为0的号留给网络本身使用，全为1的号用作广播地址。

学生回答：那就能容纳256-2=254台。

（5）想一想：如果一个网络下有多于254台的计算机时，该如何分配IP地址呢？

学生思考，教师顺势引出IP地址的分类。

3. IP地址的分类

为了适应不同的网络规模，将IP地址划分为A、B、C、D、E五大类（见图4-1、表4-9），划分的依据就是根据网络号和主机号所占分段数目不同。

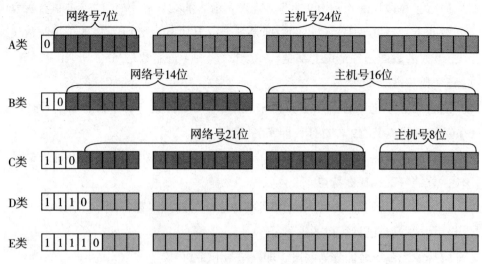

图4-1 IP地址的分类

表4-9 IP地址中A、B、C类的划分

类别	网络号取值范围	最大网络数	最大主机台数	适用的网络规模	范例
A类	1～126	126	16777214	大型	10.155.44.1
B类	128～191	16384	65534	中型	172.16.0.244
C类	192～223	2097152	254	小型	192.168.2.1

D类：组播地址。

E类：保留地址，留作今后使用。

这样，我们就可以很容易地根据具体的网络规模选择合适的IP地址类别了，而且可以很容易根据给定的IP地址判断它所属的IP地址类别。

练习巩固：下列IP地址的类别是？

A. 218.16.101.24   B. 10.225.1.10   C. 159.226.2.213

我们是否要通过记住网络号的取值范围来判断IP地址所属的类别呢？引出子网掩码。

4. 子网掩码

（1）子网掩码的作用

计算机将IP地址与子网掩码来区别网络号和主机号，或者说子网掩码就是帮助计算机来区别IP地址的网络号和主机号的。

（2）常用的子网掩码

A类IP地址的子网掩码：255.0.0.0

B类IP地址的子网掩码：255.255.0.0

C类IP地址的子网掩码：255.255.255.0

5. IP地址的管理

学生阅读课本。（课本第37页IP地址分级管理图）

引导问题：负责我国IP地址分配管理的是哪个机构？

（三）知识拓展

实践：查询你的计算机在互联网中的IP地址。

　　　　http：//www.123cha.com

思考：

（1）校园网中的IP地址与互联网中的IP地址为什么不同？

（2）你的计算机在互联网中的IP地址是不是唯一的？

（3）你家里的计算机在上网之前需要对其分配固定的IP地址吗？

（四）课堂小结

同学们，今天你学会了什么？有什么收获？

学生讨论、发言，填写评价表。

【教学评价设计】

教学评价设计明细见表4-10。

表4-10　教学评价设计明细

班级：		姓名：		
自评目标	具体目标	自评等级		
		欠佳	一般	优秀
知识	理解IP地址的格式和分类			
	了解IP地址的管理办法及相关的重要管理机构			
	对TCP/IP中IP协议的相关知识有进一步的理解			

续　表

班级：		姓名：		
自评目标	具体目标	自评等级		
		欠佳	一般	优秀
技能	会进行IP地址的配置			
	能够对采用TCP/IP协议联网的情况做简单的连通性测试和诊断一些常见故障			
过程与方法	能够跟随教学过程积极地思考问题			
	加深了对IP技术的了解，学会了一些技术方法，解决了上网过程中出现的小问题			
情感态度与价值观	了解到技术的实现方法，提高了学习网络技术的兴趣			
	在今后将有效地使用网络技术解决实际问题			